U0524110

重新想象国际关系学

三种非西方文明中世界秩序的思想与实践

〔英〕巴里·布赞
〔加〕阿米塔·阿查亚 著

李东琪 颜 震 译

商务印书馆
The Commercial Press

This is a Simplified Chinese edition of the following title published by Cambridge University Press:

RE-IMAGINING INTERNATIONAL RELATIONS
World Orders in the Thought and Practice of Indian, Chinese, and Islamic Civilizations
9781316513859
© Barry Buzan and Amitav Acharya 2022

This Simplified Chinese edition for the People's Republic of China (excluding Hong Kong, Macau and Taiwan) is published by arrangement with the Press Syndicate of the University of Cambridge, Cambridge, United Kingdom.

© The Commercial Press, Ltd. 2025

This Simplified Chinese edition is authorized for sale in the People's Republic of China (excluding Hong Kong, Macau and Taiwan) only. Unauthorised export of this Simplified Chinese edition is a violation of the Copyright Act. No part of this publication may be reproduced or distributed by any means, or stored in a database or retrieval system, without the prior written permission of Cambridge University Press and The Commercial Press, Ltd.

Copies of this book sold without a Cambridge University Press sticker on the cover are unauthorized and illegal.

　　本书封面贴有 Cambridge University Press 防伪标签，无标签者不得销售。

中文版序言

刘德斌

巴里·布赞和阿米塔·阿查亚合著的《重新想象国际关系学：三种非西方文明中世界秩序的思想与实践》系统探索了西方崛起之前印度文明、中华文明和伊斯兰文明关于国际关系/世界秩序的思想和实践，2022年由剑桥大学出版社出版，这是《全球国际关系学的构建：百年国际关系学的起源和演进》（剑桥大学出版社，2019）的姊妹篇。[1] 通过这两本书，布赞和阿查亚构建了一个全球国际关系学的研究和阐释体系，为国际关系学理论的发展开辟了一种新的前景。在西方主导世界的时代已经终结，国际关系正在发生历史性剧变的今天，布赞和阿查亚的这两本书无疑具有相当重要的学术价值和现实意义。

一、从《全球国际关系学的构建》到《重新想象国际关系学》

在《全球国际关系学的构建》一书中，阿查亚和布赞通过对19世纪以来国际关系实践和思想的阶段性演进及交互影响的

---

[1]〔加〕阿米塔·阿查亚、〔英〕巴里·布赞：《全球国际关系学的构建：百年国际关系学的起源和演进》，刘德斌等译，上海人民出版社2021年版。

历史梳理，特别是通过把这一时期非西方国家和地区的历史演进和有关国际关系的思考融入其中，初步构建起一个全球国际关系学的阐释框架。他们认为，19世纪的现代性转型把世界分割成"中心"和"外围"两部分，而国际关系学的关切和定义几乎完全是从"中心"的视角出发的，实际上是19世纪以来世界文化实力分布的一种反映。这种状况并没有随着两次世界大战和冷战而发生变化。直到冷战结束之后，国际关系和国际关系学在"中心"和"外围"国家之间的不平衡状态才开始被打破。在讨论19世纪四种"进步主义"意识形态，即自由主义、社会主义、民族主义和"科学"种族主义对国际关系学产生、发展和变化的影响的同时，阿查亚和布赞在《全球国际关系学的构建》中还探究了19和20世纪非洲、亚洲、中东和拉丁美洲国际关系的思想与实践，发现它们多是对西方列强和日本的种族主义、文化蔑视、暴力与帝国主义做出的反应。他们认为，虽然"外围"国家的国际关系研究大都始于"二战"之后，但与国际关系相关的思想早在19世纪之前就已出现。他们把"外围"地区能够用于国际关系研究的理论资源分为五类，即古典的宗教和哲学系统，历史上宗教、政治和军事人物的国际关系思想，后殖民主义领导人的国际关系思想，当代具有全球视野的国际关系学者的作品和人们从全球政治实践中汲取的洞见等，但对前现代非西方国家国际关系的思想资源并没有进行更为深入的探索。

在《重新想象国际关系学》一书中，布赞和阿查亚更进一步，系统挖掘和阐释了三种非西方文明，即印度文明、中华文明和伊斯兰文明关于国际关系/世界秩序的思想与实践，从而

"重新想象"（re-imagining）了三种不同的、有别于西方主导的国际关系理论与实践的图景，读来别开生面，引人入胜，对于已经习惯于借用西方主流国际关系理论视角观察当今世界来龙去脉的读者尤为如此。布赞和阿查亚之所以耗费精力，拓展一个对他们来说也是相对陌生的研究领域，深究这三种非西方文明所展示的国际关系/世界秩序的思想和实践，首先在于通过近年来的持续努力，包括与非西方国际关系学者，特别是中国学者的频繁交流与沟通，他们已经具备了一定的研究基础。更重要的是，他们认为这些非西方文明衍生的国家正在"崛起"，叩击着"中心"地区的大门。如果说这些国家战后国际关系思想在很大程度上是殖民地和半殖民地历史经验和教训的总结，是非殖民化运动的产物，是学习和借鉴西方国际关系理论研究的成果，那么它们今后可能更多地是与它们"前现代"国际关系的思想和实践的结合，从而彰显出更多与西方国际关系理论不一样的特色。他们相信这将为全球国际关系学的发展注入新的活力和动力。

在《重新想象国际关系学》一书中，布赞和阿查亚首先承认现代国际关系学是西方在世界历史上占据主导地位这一特殊时刻创立和演进的，并对现实主义、自由主义、马克思主义、英国学派和建构主义国际关系理论的来源进行了简要梳理，指出这门学科以欧洲为中心的形式呈现既不令人惊讶，也并不意味着要对此进行追溯性的道德谴责。但随着国际关系/社会结构的变化，现在已经到了超越欧洲中心主义基础，重塑国际关系学的时候。他们之所以选择印度、中国和伊斯兰世界，不仅在于这三大文明在欧亚体系内的地缘政治位置，更在于它们在当前国际体系/社会中依然是重要的存在。关于书中经常同时出现"国际关系"和"世界秩序"两个概念，布赞和阿查亚解释说"世界秩序"是一个更为广泛和适用的概念。它去掉了与威斯特伐利亚式国家间秩序密切相关的"国际"一词，有助于分析更为广阔范围内的政体及其相互关系，这些政体及其相互关系塑造了现代性之前五千年世界历史的主要特征。他们认为，世界历史上大多数的"世界秩序"都是由源自一个国家或地区的文明创造的，它们通过物质的（包括征服和贸易）或观念的（通常是宗教）手段获得了跨国或跨大陆的影响。文明既可以被理解为相对封闭的，具有边界性、同质性和排他性的实体，几乎具有行为体的性质，同时它也可以被理解为相对开放、多元、流动、包容的实体。前者指向他者化、冲突和战争，后者指向和平的互动和多重身份认同。当然，布赞和阿查亚对这个涉入三大文明研究项目的难度有相当的认知，坦承现在还无法提出一个将前现代国际关系的思想和实践与当代国际关系学专业词汇联系起来的系谱，并期待将来有人能实现这样的目标。但他们提出了一个他们认为既可以避免给予当代国际关系学现有词汇和理论以"特权"地位，又能找到足够的共同基础来对古今国际关系和世界秩序进行比较的"中立"方案。这就是等级制、权力政治、和平共处、国际政治经济学和领土权/跨国主义等五个术语，以及国际关系/世界秩序的思维方式。他们对这些术语进行了简明扼要的界定，从而为读者理解古今国际关系和世界秩序思想与实践的演进搭建了一座沟通的桥梁。

二、《重新想象国际关系学》的主要内容

毋庸置疑,印度文明、中华文明和伊斯兰文明都是历史悠久、博大精深的文明体系,要把它们的国际关系/世界秩序的思想与实践梳理出来,与当今国际关系学的基本概念和理论相衔接,并在这三种非西方文明之间,以及这三种非西方文明与西方文明之间的国际关系/世界秩序的思想和实践进行比较分析,形成一种研究和阐释体系,是一个非常有难度、具有挑战性的课题,迄今学界似乎还没有人尝试过。[2] 但布赞和阿查亚却通过对三大非西方文明的国际关系/世界秩序的思想与实践的梳理,汲取多国多学科当代学者的研究成果,不仅成功地驾驭了这一主题,而且为读者开拓了一种新的学术视野,提出了许多有待进一步探索的课题。

布赞和阿查亚在《重新想象国际关系学》中特别提到,他们是按照时间顺序,即印度文明、中华文明和伊斯兰文明的顺序来铺陈案例研究的,并强调印度文明与中华文明一样,是一个连续的文明,吠陀时代的观念和仪式至今仍然存在于印度教徒的日常生活之中;而伊斯兰世界则是后来者,伊斯兰文明是建立在同一片土地上许多古老文明基础之上的,其中包括埃及文明、美索不达米亚文明、波斯文明、希腊文明、罗马文明、拜占庭文明及

---

[2] 当然,也有学者从其他角度探索"前西方"世界秩序问题,如 Ayşe Zarakol, *Before the West: The Rise and Fall of Eastern World Orders*, Cambridge: Cambridge University Press, 2022。

印度文明,是费尔南·布罗代尔所说的"后继文明"(successor civilization)。关于印度,布赞和阿查亚认为古典"印度"也是伊斯兰世界的一部分,尤其是16世纪初莫卧儿帝国崛起之后,因此他们在书中先是集中讨论吠陀、佛教和印度教时代的印度,而将莫卧儿时期的印度归入伊斯兰世界。他们认为,有充分理由将莫卧儿帝国和之前的德里苏丹国视为伊斯兰世界的一部分,因为它们拥有突厥化的蒙古精英,与波斯文化和治理有紧密联系,并与乌玛(umma)跨国联结。这样一种划分很有意义,它不仅提醒读者印度文明演进过程的阶段性和复杂性,而且警示人们不要囿于现代国家的视角去反思古代文明的来龙去脉。

布赞和阿查亚认为,印度位居欧亚体系中部,在欧亚贸易体系中处于中心地位。正是在这个文化、军事和经济的十字路口的地理位置塑造了印度历史上的文明和政治秩序,形成了印度的世界观。他们认为印度的国际关系思想来源于三个方面,即考底利耶的《政事论》(又译《利论》)[3]、大部分来自阿育王佛教的"达摩"(Dharma)和出自印度经典的认识论和本体论思想。他们特别指出,在西方,印度经常被视为古典东方文明的缩影,以超凡脱俗,信奉神秘主义和神圣的因果关系为特征,但有充分的证据证明,同许多古代文明一样,印度文明是理性与启示,科学与迷信,现世与来世的混合体。如果说考底利耶代表了印度古代现实主义和理性主义的巅峰,那么阿育王则是理想主义和以德治国方略的典范,印度在罗马人和几乎同时代的希腊人之前就提出了世

---

3 〔古印度〕憍底利耶:《利论》,朱成明译注,商务印书馆2022年版。

界秩序的世俗观。作为古印度两大著名梵文史诗之一的《摩诃婆罗多》，即为古印度的治国之道、外交、联盟和谈判提供了线索，其中的《薄伽梵歌》所揭示的摩诃婆罗多战争的五个原因，有四个都是非常理性的。他们还指出，作为对认识论和本体论的一种贡献，人们从佛教中得到了最早的关于国家起源的社会契约理论，包括和谐、腐朽、为满足私有财产的基本需求而进行竞争、纠纷、对法律的需求和对权威的控制等的原初状态。而印度国际关系/世界秩序可资借鉴的相关实践有两种最为突出：一种是作为印度前帝国时期的政治组织形式的王国和共和国，一种是印度文化在东亚和东南亚的和平传播。他们认为，如果国际关系学是从印度发展起来的，很有可能会沿着与现代西方国际关系理论相似的路线发展，其关注点应该是国家体系，从现实主义/理想主义的二元组开始。这种区别不是西方的，而是在许多文明中都有发现的一种普遍方式，如中国的儒家和法家、伊斯兰教的苏菲派和瓦哈比派。他们还认为新兴的印度国际关系学可能借鉴了另一种实践来源，这就是观点的和平传播，或曰软实力。但他们提醒读者必须谨慎对待这里"国家"的性质，它既不会是威斯特伐利亚式的，也不是中国朝贡体系式的。如果国际关系学是在印度，那么会像在中国的一样，不同形式的等级制而不是无政府状态将是其主要的关注点，但印度的国际关系实践可能比中国的更多元，更类似于威斯特伐利亚之前欧洲的状态。

  关于中国，布赞和阿查亚认为，中国和印度及所有农业文明一样，徘徊于帝国与分裂之间。但与印度不同的是，中国发展出一种等级分明的政治和国家间体系。直到19世纪，中国与欧亚大陆其他文明的联系都相对较少，并在长达千年的历史中发展和维持一种独特的世界秩序理论与实践。中国古代关于世界秩序的许多思想，包括法家思想和儒家思想，都是在公元前221年大一统之前出现的。如果把中国的世界秩序的历史和政治理论与欧洲的相比较，人们就会发现它们几乎是相反的。在中国，统一的原则从早期开始就在规范上占据主导地位，尽管在实践中这一体系遭受了周期性的崩溃和碎裂。在欧洲，统一的原则虽然一直存在，但在规范上相对薄弱，尽管其背后有令人信服且备受仰慕的罗马图景。强烈的独立和自治的渴望最终促成的是均势观念的胜利，建立一个持久的欧洲帝国的尝试始终没有成功，其国际关系的思想和实践最终向主权、领土权、国际无政府状态、战争和国际社会方向移动。然而中国的理论和实践则趋向等级制、天下和天命，并最终形成朝贡关系体系。当然，布赞和阿查亚不可能在解读中国经典文献上下功夫，而是广泛借鉴了当代学者包括中国学者的研究成果，多次列举和引用赵汀阳、秦亚青和阎学通的作品。布赞和阿查亚认为中国/儒家的世界秩序观有三个独特并相互交织的组成部分，即一种强烈的作为首选社会秩序的等级观，一种跨越空间/领土的普遍的天下观和一种将君民联系在一起的天命观；同时，他们也认为关系主义和面子这两种观念在朝贡体系的运作中发挥着重要作用。在讨论中国的国际关系/世界秩序思想的时候，布赞和阿查亚专门对秦亚青阐释的中庸辩证法和关系理论进行了较为深入的讨论，这种理论框架不仅呈现了另一种概念化的国际关系学，还使我们能够从不同角度看待这个世界，从而为更富有成效的国际体系比较研究创造了可能。他们还强调，理性主义和关系主义在东西方的国际关系研究和实践中都存在，并且有足够多的重叠之处，需要结合起来。

关于中国传统的国际关系实践，布赞和阿查亚"冒着过度简化的风险"将其划分为两种形态，分别出现在"作为一个与邻国互动的统一政体"时期和"陷入分裂从而体现为一种国际体系"时期。当中国处于统一状态时，特别是从汉朝开始，它的国际关系主要表现为所谓的朝贡体系形式；当中国陷入四分五裂之后，相互竞争的政体往往呈现一种权力政治的极端形态，通过残酷斗争试图重建中央集权秩序。邻近的政体很容易被卷入这种过程，以致中原王朝与周边政体之间的内外区别日趋模糊，这在元朝、清朝重新统一中国的过程中有明显体现。布赞和阿查亚认为中国体系的一个突出特点是两种形态之间的周期性更迭，即长期相对和平、统一、稳定时期与动荡、冲突时期的交替，后者发生在统治王朝式微，多个继承政权为取代原有王朝而展开多极争斗的时期。

伊斯兰世界是三个案例研究中最为晚近的一个，也是更为复杂的一个，涵盖了比印度和中国更大的民族和文化多样性，但其在思考和实践国际关系与世界秩序方面却仍然具有高度的一致性。伊斯兰世界与基督教世界存在本质差异：伊斯兰世界的核心区从一开始便是政教合一的，而基督教世界虽然在宗教与国家之间有许多工具性联系，但更倾向于将精神与世俗分开，而不是将自己定义为一个国家。布赞和阿查亚高度评价伊斯兰世界的历史作用，认为它在古代与现代、东方与西方之间发挥了桥梁作用，与其他文明携手拓展了今天被称为全球化的基础。同印度一样，伊斯兰世界在政治上经常是四分五裂和无政府主义的，共同体（community）而非领土（territory）是其统治的关键，形成了一个宗教与社会强烈融合和连贯的世界社会。与印度和中国的情况不同，伊斯兰世界在更大程度上与西方主流国际关系理论中单位和实践的假设相悖，实际上构建了自己的国际关系学版本，是一种独特的国际关系理论范式。关于伊斯兰世界的国际关系／世界秩序思想，布赞和阿查亚讨论了"乌玛"、"伊斯兰之家"（Dar al-Islam）和"战争之地"（Dar al-Harb）等概念的内涵与现实"变通"，指出虽然乌玛指的是所有来自不同地域和背景的穆斯林本质上的一体和理论上的平等，原则上对领土民族国家的理念构成了挑战，但它并不排除中央集权的管理和对边界的尊重，并在现实中"适应"了领土分裂。伊斯兰世界将世界划分成"战争之地"与"伊斯兰之家"的区别也难以绝对化，因为在穆斯林的鉴别标准上有广义和狭义之分。非传统学者提出了深植于伊斯兰法律辩论的第三条道路——"条约地区"（Dar al-Ahd），认为与非伊斯兰世界和平共处是可能的。14世纪的伊斯兰历史学家、社会科学鼻祖伊本·赫勒敦（Ibn Khaldun）则将政治上的关注点放在理解导致伊斯兰世界内王朝周期兴衰的动力学上，将这一过程视为原始但充满活力的强大的游牧民族（贝都因人）与成熟但颓废的定居城市文明之间的永久性张力。伊斯兰世界花了两个世纪才最终打败十字军，原因之一是四分五裂的伊斯兰世界未能团结起来。当然，非伊斯兰世界为战争之地的观念，特别是当它与伊斯兰教（以及所有"普遍性"宗教）的普遍主义相结合时，所暗示的是一种比现实主义更极端的零和博弈。

无疑，就国际关系/世界秩序的实践而言，布赞和阿查亚认为与印度和中国相比，伊斯兰世界的思想与实践更为脱节，原因在于更为教条的伊斯兰世界秩序思想更少地以国家为中心，更多地根植于宗教、法律和非领土的社会秩序，也在于伊斯兰世界的历史更为复杂。尴尬的是，对于应该只有一个与乌玛大体一致的伊斯兰国家观念而言，政治和战略的现实往往是多个国家、帝国甚至哈里发国共存。这些政体既在乌玛之内，又延伸到伊斯兰势力控制的广大土地上，而穆斯林统治者在这些土地上往往占少数，最初是在叙利亚、伊拉克、波斯和西班牙，后来最明显的是在印度和奥斯曼帝国的欧洲行省。在西方思想中，跨国主义是围绕并通过一种国家的主导结构发生的事情，而在伊斯兰教的实践中，跨国主义更接近于一种国家体系的替代物，一种世界主义，一种赫德利·布尔（Hedley Bull）所讨论的"世界共同体"。14世纪伊本·白图泰（Ibn Battutah）长达75,000英里、途经现在44个国家的旅行说明它可以在政治分裂的情况下安然存在。[4] 布赞和阿查亚将伊斯兰世界的历史分为两个时期：早期从7到13世纪，主要是阿拉伯人的倭马亚和阿拔斯帝国的故事，但阿拉伯色彩逐渐减弱，政治（哈里发）和宗教（乌玛）领域重合度较高。后期从14到20世纪初，主要是奥斯曼帝国、萨法维帝国和莫卧儿帝国等后继的操突厥语民族的帝国故事，乌玛的政治分裂状态已成定局，欧洲国家持续扩张的权力愈益凸显，国家间国际关系的模式变得越来越重要。其中，奥斯曼帝国也是包括欧洲和非洲

---

4 参阅〔摩洛哥〕伊本·白图泰：《伊本·白图泰游记》，马金鹏译，华文出版社2015年版。

在内的更广泛的国际体系/社会的一部分，而当时的奥斯曼人和欧洲人都是以自己为中心、他者为边缘的方式来看待这个混合体系/社会的。莫卧儿帝国接管了腐朽的德里苏丹国，是三个伊斯兰帝国中人口数量最多、最为富庶的，也是唯一一个穆斯林占人口少数的帝国，而萨法维帝国是三个帝国之中最小、最贫穷的。它诞生于一场什叶派宗教运动，并不认为自己是早期帕提亚或萨珊帝国的重建，而是一个新的帝国。总之，至少从理论上讲，伊斯兰文明与中华文明和印度文明都不一样，其政治观是由伊斯兰之家和战争之地定义的，由零和的宗教观主导，比其他两种文明中的现实主义/法家思想更为极端。伊斯兰文明与中华文明有某些共同之处，即一种强烈的统一意识，但其在转变为政治现实方面却不如中国成功。伊斯兰帝国之间及其与其他伊斯兰政体之间的关系，更多地受王朝和帝国逻辑而不是宗教逻辑支配。伊斯兰理论所提出的世界秩序/国际关系简单的二元结构，实际上对其世界秩序/国际关系实践几乎没有什么影响。可以说，虽然呈现出一些与西方国际关系理论相当不同的东西，但至少就其源于国家间/帝国领域的实践而言，就像印度教的印度一样，似乎与西方国际关系理论和实践是一致或互补的。

最后，在《重新想象国际关系学》的结论部分，布赞和阿查亚围绕他们提出的五个概念，进行了系统的梳理和总结，集中分享了他们的研究心得。关于等级制，布赞和阿查亚最后得出结论认为，如果欧洲对世界秩序/国际关系理论和实践的主要贡献是主权国家体系，中国的主要贡献可能就是等级森严的国际社会制度，那么印度教印度和伊斯兰文明的贡献就在这两者之间，既不是全然无政府主义的，也不完全是等级制的，而是二者的元素兼而有之，外加大量跨国世界主义。他们认为，三个案例中关于等级制的所有内容同样适用于相当晚近的西方。无政府状态和等级制并非相互排斥，而是一个连续体，各文明都沿着这个连续体在历史中来回摆动。在早期现代西方国际关系思想中，"文明标准"是一种有关世界秩序/国际关系等级制思想的表达方式，并在中心与外围、民主与专制等区分中有着显著体现。布赞和阿查亚进一步指出，随着全球国际关系学开始反映更广泛的文化和历史，它的重心或将越来越远离极端的威斯特伐利亚形态，而围绕主权平等的《威斯特伐利亚和约》可能被看作是地方性的。随着国际关系深度多元主义结构的发展，财富、权力和文化权威的重新分配，一种没有超级大国的新兴世界秩序很可能呈现为主权平等/无政府状态和等级制/特权的某种混合。

关于权力政治，布赞和阿查亚认为，印度文明、中华文明和伊斯兰文明中世界秩序/国际关系的思想和实践与现代国际关系学的权力政治/现实主义方面都有相似之处。印度文明的现实主义/权力政治思想和方法在考底利耶的论述，以及次大陆各交战国家的政治实践中表现得最为突出，中华文明的权力政治思想和实践则主要来自法家思想和统治王朝兵败后重建帝国的实践。而在伊斯兰世界，权力政治来自"圣战"主义者对和平之地和战争之地之间关系的看法，以及伊斯兰之家内部帝国和王朝竞争的实践。三个案例研究为国际关系学带来了一个更为开放的权力政治观。从流行病、全球变暖，到恐怖主义、大规模移民和大规模杀伤性武器扩散等一系列共同威胁所构成的前所未有的新环境来看，不那么具有决定性的权力政治观，以及对无政府状态和等级制相互作用更为开放的看法，可能既是有用的，也是必要的。

关于和平共处，布赞和阿查亚强调，他们在书中采用的"和平共处"与中国和印度在1950年代达成一致的"和平共处"五项原则并非同一个概念，中印"和平共处"五项原则是建立在威斯特伐利亚体系主权平等和互不干涉原则基础上的，而本书中的语境则围绕帝国、宗主权和等级制展开。在现代西方国际关系学中，和平共处是权力政治的对立面，似乎也是帝国的对立面。但三大非西方文明的思想和实践又表明，"帝国"可以被理解为一种兼容的、甚至能和平共处的体系。他们认为，印度、中国和伊斯兰世界的经验显示，和平共处有两个并不互相排斥的来源：一是对权力政治的成功追求，即一个主导力量通过可以接受的仁慈方式统治一切，从而带来秩序；二是某种共同身份创造了充分的共同体意识，从而使"安全合作"成为可能，历史上许多长久存在的帝国都很擅长这种博弈。这样一种思想和实践凸显了当代国际关系理论所面临的困境：一方面，在深度多元主义形势下，反霸权主义正在形成强有力的规范；另一方面，共同命运的威胁又在一步步迫近，解困的出路何在？

关于国际政治经济学，比较而言，印度和伊斯兰文明本身对贸易持积极态度，伊斯兰文明对商人阶层的态度可能要比印度教或基督教更为友善，中国则是一个例外。通过把贸易作为朝贡体系的一部分，中国把贸易与政治纠缠在一起，这种做法既不同于前现代的西方，也不同于印度和伊斯兰文明的政治与经济实践。布赞和阿查亚认为，中国的这一历史传统影响深远。然而，美国政府向全世界发起贸易战，将关税作为政治武器的做法，却颠覆了人们的传统认知。实际上，19世纪以来，西方国家的贸易政策始终在自由主义和保护主义之间摇摆。

关于领土权/跨国主义，布赞和阿查亚指出，领土权和与边界绑定的国家观念是西方国际关系学的主要基础，导致帝国被边缘化，非国家行为体的跨境活动也仅以"跨国主义"的形式成为国家体系的附属品。然而这与世界历史，包括西方历史和其他地区历史的大部分事实并不相符。从传教士到贸易商，从移民团体到16世纪之后许多欧洲国家的殖民者，"非国家行为体"实际上形成了大型自治网络。这种意义上的"跨国主义"是前现代世界秩序的一个更为显著的特征。实际上，尼尔·弗格森的《广场与高塔：网络、阶层与全球权力竞争》讨论过这种历史现象，[5]但这一研究似乎没有引起布赞和阿查亚的注意。布赞和阿查亚指出，虽然西方文化最终围绕政治主权、民族主义和清晰的领土权概念具体化，但这并不是世界秩序/国际关系的唯一可能模式。伊斯兰文明和印度文明更多地围绕着强大与自治的社会结构原则组织起来，为思考世界秩序/国际关系提供了一个不同于现代国际关系理论的起点。在当前日益被共同命运主导的世界上，领土权和跨国主义之间的平衡与混合可能变得更加突出。他们还认为尽管布尔的"新中世纪的"社会-政治结构概念是建立在欧洲历史

---

5 〔英〕尼尔·弗格森：《广场与高塔：网络、阶层与全球权力竞争》，周逵、颜冰璇译，中信出版社2020年版。

经验基础上的，但很有可能会被拓展开来，为全球国际关系学所接受。

布赞和阿查亚的《重新想象国际关系学》似乎是在进行一种历史研究，但他们的着眼点依然是当下国际关系理论研究与实践之间的关系。他们认为，归根结底，最大的问题或许是世界秩序/国际关系是建立在尊重差异和集体应对共同命运问题的基础之上？还是建立在追求某种宗教或世俗的同质化愿景的基础之上？布赞和阿查亚认为包括西方文明在内的所有文明都曾遭遇过这个问题，并在不同时期以不同方式处理它。19世纪的欧洲炮制了"文明标准"，开始了同化"他者"的使命。当下，一个衰落的西方能否找到必要的宽容和尊重，以便在一个权力、财富和文化权威都更加分散和多元主义的世界中共存，是未来的一个关键问题。他们努力推进的全球国际关系学，应该就是要回答这个问题。

三、《重新想象国际关系学》引发的思考

第一，《重新想象国际关系学》不仅系统阐释了印度文明、中华文明和伊斯兰文明国际关系/世界秩序的思想与实践，而且对这三大非西方文明之间，以及它们与西方文明之间的国际关系/世界秩序的思想与实践的异同进行了精彩的分析和比较，内容信手拈来，简明扼要又不乏洞见。这不仅让读者对印度文明、中华文明和伊斯兰文明国际关系/世界秩序的思想与实践有了深入了解，也让读者对已熟悉的西方国际关系理论有了更深刻的认

识。这是读者在浏览其他国际关系理论著作——无论是西方国际关系理论著作，还是有关印度文明、中华文明和伊斯兰文明国际关系理论阐释的著作——所得不到的。无疑，《重新想象国际关系学》将成为国际关系思想史上继往开来的重要著作。关于对布赞和阿查亚"两位非同凡响的学者"的介绍和评价，笔者在《全球国际关系学的构建》的译者序中已经谈过，这里不再重复。但有一点还需提到，作为几乎每年都有新作问世的"高产学者"，布赞和阿查亚所涉猎的领域已经远远超出了传统国际关系学的范围，但他们所提出的议题，又是当今国际关系学界亟需深入探索的。这在国际关系/世界秩序正经历"热火朝天"的剧烈变化，而国际关系理论研究却显得"波澜不惊"的西方学界，应该是独树一帜的！

第二，中国学界关于印度文明和伊斯兰文明研究已经积累了相当丰厚的研究成果，相当一部分重要典籍已被译成中文出版，商务印书馆在这方面的贡献尤其显著。但中国学界从事印度和伊斯兰文明研究的学者大多来自文学、哲学和宗教学等领域，进入这些领域的政治学和国际关系学者并不多。从这个意义上讲，布赞和阿查亚的《重新想象国际关系学》为中国的政治学或国际关系学者切入这一领域，提供了非常有益的启示。实际上，世界历史上任何一种源远流长的文明形态，无论是印度文明还是伊斯兰文明，无论是多神教文明还是一神教文明，都离不开对人类共同体组织形式、治理方式及其相互关系的探索，从部落、城邦、王国到帝国。这就是为什么我们能在印度文明中发现考底利耶的《政事论》，能在伊斯兰文明里发现尼扎姆·莫尔克的《治国策》和伊本·赫勒敦的《历史绪论》,[6]能发现他们所讨论的问题与近代西方政治学家所讨论的问题实际上有异曲同工之妙的缘由所在。令人鼓舞的是,中国学界已经有一批学者开始从政治学的角度涉入这一领域,近年来不断有相关成果发表。作为具有中国特色的国际关系学学科体系探索的一部分,中国的国际关系理论研究肯定不能仅仅是中国历史经验的总结,也不可能仅仅是中国历史经验与欧洲历史经验比较或"勾兑"的产物,而应该是在总结、比较和借鉴东、西方其他文明历史经验基础上构建起来的人类共同体历史演进逻辑和规律的理论阐释,这样才能超越"地方的"经验,成为回应时代需求,超越时代局限的学科体系。

第三,布赞和阿查亚提到他们之所以合作撰写这样一本著作,一个重要的原因在于这三个非西方文明衍生的国家不仅正在崛起,"叩击"着中心地区的大门,而且它们的国际关系/世界秩序的思想与实践今后将更多地与它们的"前现代"国际关系的思想和实践结合起来。实际上,这种形势已经比他们在书中所讨论的更为激烈地发生了,这就是印度教民族主义的强势崛起,俨然已经成为印度的主流意识形态,并在内政和外交两个方面都表现出更强的排他性和进攻性。显然,这是对产生于19世纪末的印度教民族主义的继承和发展,更是对古老的印度教的"升级换代"。随着印度的"强势"崛起,整个世界都感受到了这种正在进行中的"现代化"改造的古老宗教的冲击,印度教俨然已经成

---

6 〔波斯〕尼扎姆·莫尔克:《治国策》,蓝琪译,许序雅校,商务印书馆2013年版;〔突尼斯〕伊本·赫勒敦:《历史绪论》,李振中译,宁夏人民出版社2015年版。

为基督教、伊斯兰教和佛教三大宗教之外的"第四大宗教"。印度教民族主义的终极理想是要在象征雅利安文明黄金时代的"婆罗多之地"建立一个"印度教国家"。为了彰显对今日印度与古印度文明的传承关系，印度政治家甚至想改国名"印度"（India）为"婆罗多"（Bharat），并且已经把这个名字冠冕堂皇地用于自己的书名上了。[7] 世界上还有多少这种被视为"非西方文明"的国家会在世界之变、时代之变和历史之变的时刻"脱颖而出"呢？很显然，俄罗斯是一个有待进一步探讨的对象。这个被视为"另一个欧洲"的国家，被视为"孤独的帝国"和"神秘"的敌人的国家，[8] 正在以其特有的"蛮力"改变世界秩序，它的命运是由其"东、西方之间"的文明特性塑造或决定的吗？

布赞和阿查亚在书中多次引用的布罗代尔《文明史：人类五千年文明的传承与交流》出版于1963年。布罗代尔曾经在建立欧洲统一的问题上，做出过这样的判断：文化上会立刻答应，经济上差不多答应，相反，政治上却有所保留。他在简要回顾了欧洲"均势"体系形成的过程之后指出，"现实的世界同样处在一个控制着从欧洲到整个星球的'平衡'的魔法之中。世界分成两个阵营，'东方'和'西方'，处在两者之间的中间派力图走第

---

[7] S. Jaishankar, *Why Bharat Matters*, New Delhi: Rupa Publications India Pvt. Ltd., 2024.

[8] 参阅〔法〕费尔南·布罗代尔：《文明史：人类五千年文明的传承与交流》，常绍民等译，中信出版社2014年版，第539页；〔澳〕波波·洛：《孤独的帝国：俄罗斯与新世界无序》，袁靖、傅莹译，中信出版社2019年版；Ayşe Zarakol, *After Defeat: How the East Learned to Live with the West*, Cambridge: Cambridge University Press, p. 201。

三条路，这条路只有在它们拥有实力时才是可行的。这肯定是一种旧的体系，一种旧的齿轮传动系统，在很长的时间里以平衡的失灵给整个世界造成威胁，就像历史上欧洲频繁罹受这种平衡失灵之苦那样。"[9]

当今世界，是否正处于这样一个时刻，这样一个重新审视国际关系学的历史性时刻？

---

[9]〔法〕费尔南·布罗代尔:《文明史：人类五千年文明的传承与交流》，常绍民等译，第434页。

目 录

前言 ·· 1
第一章 导言 ·· 3
第二章 这项工作中的难题 ··· 15
第三章 印度 ··· 33
第四章 中国 ··· 58
第五章 伊斯兰世界 ··· 85
第六章 结论 ··· 119

参考文献 ·· 168
索引 ·· 184

前　言

　　这本书是2019年我们上一本合著的延伸和拓展。我们在该书的导言中简要地提出了一个问题：如果国际关系学是在其他地方发明的，它会是什么样子的（Acharya and Buzan, 2019: 3）。该书随后详细探究了19、20世纪非洲、亚洲、中东和拉丁美洲的现代国际关系学思想，毫不意外地发现，它们大部分都是对西方列强和日本的种族主义、文化蔑视、暴力与帝国主义做出的反应。在本书中，我们想向前追溯历史，研究印度文明、中华文明和伊斯兰文明在遭遇欧洲和工业现代性之前，它们的国际关系学和世界秩序的思想与实践。对于这些文明为国际关系的重新想象和实践带来的或即将带来的有关世界秩序和国际关系的思考，它的更深层背景是什么？

　　我们要感谢约翰·哈斯拉姆（John Haslam）对本书的兴趣和支持，并特别感谢剑桥大学出版社的三位审稿人。他们不仅深入理解了本书的意图，而且还为我们提供了大量有助于提升本书质量的知识性和建设性的批判意见。我们非常感谢他们的洞见。

第一章 导言

19世纪前叶以降,以西方大国为主,再加上俄罗斯和日本在内的少数国家,一直主宰着世界政治,这是没有争议的(Buzan and Lawson, 2015)。这一时期发展起来的现代国际关系学在很大程度上是由这段经历所塑造的,这一点也没有争议(Acharya and Buzan, 2019)。该学科的大部分思想都建立在这样一种假设之上:从所有重要的方面来看,西方历史或多或少就是世界历史。这是胜利者的叙事和思维方式,也是我们对由此产生的欧洲中心主义进行有力指控的基础。我们严肃对待这一指控有两个原因。第一,在国际关系学领域还存在一些被西方主导地位所否定的其他故事和思维方式。如果我们要建立一个更为全球性的国际关系学,或曰"全球国际关系学",这些故事不可或缺。第二,西方主导的时期现在行将结束,胜利者的国际关系学叙事的结构不仅在外围,而且在中心都在削弱。那些有着其他故事的地方正重新成为财富、权力和文化权威的中心。与此同时,它们将自己的叙事、概念和思维方式带入当代国际关系学的实践和思想中。因此,这些曾被边缘化的叙事和理解方式正被重新植入当代世界秩序,中国、印度和伊斯兰世界则占据了突出的位置。

本书的目的是通过对印度、中国和伊斯兰世界的国际关系世界秩序的思想与实践进行考察,揭示那些被边缘化的故事。这个目标可以从两个方面来理解。第一,它考察如果国际关系学理论是在西方以外的文明中发展起来的,将会是什么样子的。这不仅是对历史的一次异乎寻常的,或者说趣味性的冒险尝试。正如我们在较早的作品中详细论述的那样(Buzan, 2011; Acharya, 2014; Buzan and Lawson, 2015; Acharya and Buzan, 2019),尝试这样做的主要原因在于,这一问题不仅对当代国际关系的实践有深刻的影响,对致力于围绕国际问题进行思考和理论化的国际关系学亦是如此。第二,它打开了重新思考现代国际关系学历史、概念和理论之门。这些之前被边缘化的叙事和思维方式,是与现代国际关系学有很多共同点,还是在基本方面对它提出了挑战?概念是否共享?如果是的话,它们是否具有相同的含义;或者,反映不同历史的替代物是否会破坏现有的理论框架?

根据我们的理解,国际体系/社会现在正迅速形成一个深度多元主义的结构,即前外围/殖民地世界的相当一部分正在以自己的方式成功地获得现代性,它们不仅在财富和权力方面,而且也在对文化和政治权威的支配中赶超着西方。在很多地方,新的财富、权力和复兴的文化权威已足够显著,以至于给西方带来了军事、经济、法律、社会和政治方面的难题。此外,它们还与一种依旧强烈的后殖民心结有着广泛的联系:要理解这一点,只需要注意到中国依旧对此十分重视,不仅是为了铭记它的"百年屈辱",还要使之渗入日常外交和国内政策中。相比之下,虽然西方舆论对其国内和历史中的种族主义依然敏感,但基本上已经忘记或边缘化了在帝国时代西方对其他民族实施的种族歧视与压迫，尽管其中的白人民族主义者正在使与当代移民有关的种族主义重新合法化。近40年前，赫德利·布尔（Hedley Bull, 1984）曾担心第三世界"对西方的造反"。而这种造反仍可能被忽视，且在很大程度上被忽视过，因为这种造反背后的新近去殖民化的国家和人民，大多是贫穷的、弱小的和文化上被削弱的。西方在很大程度上满足于向第三世界提供对外援助的承诺，期待它们轻松且自动地沿着自由主义的道路发展。现代化理论认为，现代化实际上意味着西方化（Spruyt, 2020: 344-346）。现在，前外围地区的相当一部分正在变得强大，并在叩击中心地区的大门。它们正在寻找，或者在某些情况下，如中国、韩国和新加坡，已经找到了它们自己的现代化之路，且不是对西方的克隆，而是其传统文化与现代性的独特融合。它们对西方和日本的历史积怨不能再被搁置一边。

在西方主导的时代，主要是由欧洲白人国家，再加上日本构成的少数第一批现代化国家主导，它们根据自身的利益和偏好塑造了国际体系/社会。而这个时代显然行将全面结束。一种全新的国际结构正在形成，在这种结构中，共享现代性的均质化效应与日益扩大的文化、政治分化共存。资本主义而非自由民主赢得了冷战，现在那些国家在某种意义上都是资本主义的。这一结果使1989年以前的那种世界秩序发生了巨大变化。但这种共享的资本主义分化为从民主到专制的多种政治形式（Buzan and Lawson, 2014），反映了从个人主义到集体主义、从等级制到平等主义的不同文化的光谱。由此产生的辩证法根植于西方创造的高度相互联系和相互依存的世界之中。新兴的深度多元主义世界秩序不仅是由现代性的传播和深化所推动的，而且现代性的展开正在全球范围内产生共同命运问题，从气候变化和疾病控制，到大规模灭绝和污染，再到经济管理、网络安全和恐怖主义。

全球国际体系/社会向深度多元主义的转变对国际关系学科提出了深刻的挑战。正如我们在最近的一本书（Acharya and Buzan, 2019）中提出的，过去两个世纪，现代国际关系学思想一直相当密切地追随着国际关系的实践。[1]坦率地说，正如后殖民学者经常指出的那样，这导致国际关系学成为一门高度以欧洲为中心的学科。一门旨在研究整个人类的学科，其视角竟如此狭隘，这不仅是个明显的讽刺，也是亟待解决的本质性问题。

这一情况形成的原因是清晰的。现代国际关系学科是在过去两个世纪中形成的，恰好与西方文明成为主导文明并将之强加给其他文明的时间相吻合。在此期间，这种强加的行为产生了覆盖性效应，让一种文明史无前例地成为全球性霸权。现代国际关系学正是在西方凌驾于其他所有文明之上时发展起来的，这使之不可避免地成为一门欧洲中心主义的学科。从19世纪中期直到21世纪初，我们可以说，西方史，尤其是由盎格鲁圈（Anglosphere）所主导的解释现代性的政治经济学，在很多重要方面已经成为世界史和全球政治经济学。

不管实际是真是假，重要的是西方广泛地对此信以为真，

---

[1] 我们对始自19世纪的现代国际关系学思想和与之相关的前现代思想进行了相当清晰的区分，后者在很大程度上反映了对农业、王朝和主要是帝国的政体的关注。关于支持这一观点的论据，参见 Buzan and Lawson（2015）、Acharya and Buzan（2019）、Buzan and Lawson（forthcoming）。

并且其他地方的许多现代主义者也基本上接受它。他们认为其任务是设法获得现代性,以恢复他们的财富、权力和与西方抗衡的地位。论及19世纪的日本时,R.塔格特·墨菲(R. Taggart Murphy, 2014: 63)精辟地总结了西方"文明标准"对非西方国家和民族构成挑战的程度:

> 明治时期的领导人面临着三项紧迫而又相互交织的任务。他们一定要建立一支强大到足以威慑西方帝国主义的军队。他们必须聚集所需的资本和技术,把他们的国家变成一个足够先进的工业强国,以武装这支军队。他们要建立必要的机构,不仅要完成那些任务,而且要使西方相信,日本已经积累了使它成为必须得到认真对待的国家俱乐部成员的先决条件。这不仅意味着拥有一支可信的军队——最好是在对弱国发动的帝国主义战争中取得胜利,也意味着拥有议会、法院、银行、一夫一妻制、选举,理想情况下还有基督教会,更不用说熟悉西式的建筑、服装、性观念和餐桌礼仪。只有以令人信服的现代帝国主义国家领导人的身份执政,他们才能说服西方修改不平等条约,进而从欧洲人手中夺回对本国关税制度和安全机构的控制权。

现代国际关系学是在世界历史上这一全然特殊的时刻创立和演进的,因此该学科最终以欧洲为中心的形式呈现既不令人惊讶,也并非意味着要对此进行追溯性的道德谴责。在当时的情况下,很难想象事情会有何种不同的发展。我们认为,因不符合当下的见解和道德价值而指责过去毫无意义。然而，现在比以往任何时候都更需要摆脱这些欧洲中心论的基础，并以完全全球化的方式重塑国际关系学科。如果做不到这一点，那么就会引发非常严重的学术和道德问题。

当代主流国际关系理论依旧是西方历史与古典及现代西方政治理论相交织的抽象产物——这一观点虽然过于简单化，但大体上是正确的。现实主义是从18世纪欧洲均势行为与16、17世纪甚至古希腊的政治理论的结合中提炼出来的。自由主义是从19、20世纪西方政府间组织和政治经济学理论中提炼出来的。马克思主义是从19、20世纪欧洲政治经济学理论与历史社会学另一分支中提炼出来的。英国学派是从19世纪欧洲外交行为和悠久的欧洲法学理论传统中提炼出来的，这些法学理论假设包括国际法在内的所有法律都以社会的存在为前提。建构主义并非那么清晰地是从西方实践中提炼出来的，而是从西方的知识哲学中提炼出来的。因为国际关系学是在西方实际上统治或主导世界时产生的，它在很大程度上是建立在西方历史和西方政治理论即世界历史和世界政治理论的假设之上的。既然那些特殊情况即将终结，那么国际关系学迫切需要调整自身，以应对一个更多元的世界，其中，西方以外的现代性文化在物质和思想方面都发挥着越来越大的作用。我们认为，问题不在于国际关系学是否能够或者应该更早采取行动。它现在就需要这样做。

在这个新兴的世界中，几大历史悠久的文明尤其是中国，都在稳步将自身的传统文化与现代性革命相融合，就像19、20世纪西方和日本所经历的那样（Koyama and Buzan, 2019; Buzan and

Lawson, 2020）。这并非对不同古典文明构成的前现代世界的复兴，而是完全不同的新事物。正如传统的西方文化和日本文化被现代性转变为非常不同的东西一样，现代性也在改变其他古典文化。虽然各方都将共享现代性的基础，但每方都将以独特的方式使现代性和自身的文化相融合。已被广泛认可的多元现代性理念（Eisenstadt, 2000）正在重塑权力的分配和全球国际社会的本质。

贾斯廷·罗森博格（Justin Rosenberg, 2010, 2013, 2016; Buzan and Lawson, 2016）关于不平衡与综合发展（uneven and combined development, UCD）理论的作品提供了捕捉这种发展的有益理论框架，是对肯尼思·华尔兹（Kenneth Waltz, 1979: 76）理论的一种替代。华尔兹和罗森博格都将"社会化和竞争"视为"综合"（即各单位在同一个系统中相互作用）的结果。但关于其影响，两位学者的观点不同：众所周知，华尔兹推崇形成"相似单位"（like units）的同质化，而罗森博格则持相反的观点，他认为社会化和竞争的特定时间与环境必然会产生不同的结果。大历史转型（如在漫长的19世纪发生的事）所创造的极端条件，清晰地显示出后者的逻辑。这类大转型都有一个或几个独特的起点，在这些起点上会出现一个特定结构（configuration）并得以持续。该结构是通过跨越时间和空间的社会互动而产生和复制的，会产生不同的结果。这些互动可能是强制性的、竞争性的和/或反应性的，遭遇新结构的每种社会秩序都有自己的适应方式。有些社会秩序根本没有采取新的结构，这要么是由于社会内部对它所要求的变化有所抵制，要么是由于领先的政体试图通过拒绝接受变革因素来维持它们之间的不平等。其他社会则成功地开发了新结构的本土版本。"晚近的"开发者并不是最初采纳者的副本，而是发展出了自己的特点。

从这个意义上说，不同社会秩序之间的相互作用产生的不是趋同，而是新与旧的（通常是不稳定的）融合。例如，19世纪，德国和美国的工业化不是英国发展的复制品，而是采取不同的模式，即使它们借鉴了英国的经验。同样，苏联和最近中国的发展也都保留了自己的特点，将新技术和生产力与其传承的社会形态相结合。通过不平衡与综合发展理论的分析视角，我们可以清楚地看到，发展是多线的而不是单线的，进展断断续续而非平滑渐变，并且在结果方面包含着许多变化。诸政体以不同方式适应19世纪全球转型的一个标志是意识形态的多样性，它们的出现能够定义现代世界中不同的经济、政治和文化组合：自由主义、社会民主主义、社会主义、共产主义、保守主义、法西斯主义和世袭主义等。

在现代性不断传播和深化的过程中所产生的深度多元主义世界秩序，造成文化、经济和政治的分化等同甚或超越同质化的程度，而这正是不平衡与综合发展理论所着重解释的问题。这种新的结构不仅将重塑国际关系的实践，也将重塑对国际关系学的思考和理论化。我们需要对这些最新转型的文明将带来什么样的国际关系学思想有所了解。它们的观念和概念如何与国际关系学科目前所反映的高度以西方为中心的理论建构相适应和/或相竞争？

为了开启这一进程，我们首先看看在三大古典文明的中心——中国、印度和伊斯兰世界——发展出来的"国际关系"或更广泛的"世界秩序"的思想和实践。有鉴于此,世界秩序是一个更宽泛、更有用的概念。它摈除了与威斯特伐利亚国家间秩序类型密切相关的"国际"一词,并帮助我们分析塑造现代性之前五千年世界历史特征的广泛类型的政体,以及它们之间的关系。探究古典文明如何理解世界秩序,可从几个方面拓宽国际关系学的研究。第一,它帮助我们理解,并在必要的时候,挑战某些宣称具有普遍性,并在国际关系学中被认为是理所当然的核心观念的主导地位。这也许是解决国际关系学中欧洲中心主义问题——例如威斯特伐利亚主权、无政府状态和均势等观念占据主导地位,将历史上其他形态的国家和国际秩序(如帝国、普遍君主制或普遍和平)边缘化——的一种方式。

第二,与第一点方向相反,对这些文明的研究有助于我们阐明人权、国际法、道德与功能规范、国际制度和权力政治等核心观念的多种来源。这些概念通常被认为源自欧洲历史,但也可能有其他来源。理解国际关系学中核心观念的全球根源,可以让它们更具普遍性,进而增强它们的重要性与合法性。第三,对古典文明的研究有助于发现被忽视或遗忘的观念、过程和实践。它们虽然一直没能得到注意或充分研究,却对理解过去、现在和未来世界的运作至关重要。这方面的例子包括中国的天下观、伊斯兰教在东西方之间的综合或桥梁作用、印度孔雀王朝阿育王的道德征服观念,等等。虽然历史可能不会重演,但当我们审视诸如等级体系/社会、帝国、主权体系和朝贡体系等过去的思想与制度时,它为我们提供了一系列的象征和可能性。这些观念和实践可能对人们更好地理解中国、印度、伊朗和土耳其等新兴大国的行为有所裨益。这些国家当前的领导人正在援引过去的历史对他们时下的外交政策和战略行为进行解释并使之合法化,这相应地成为当代世界政治的一个关键要素。与此同时,揭示这些观念和实践会丰富国际关系学和比较政治学的理论与方法。国际关系学不仅仅是关于权力和财富的关系,也关乎观念和创新的流动。从历史－文明的角度研究国际关系学,为更好地理解基于观念、创新的产生和传播的关系打开了一扇门。

世界秩序的概念将文化、观念和创新的传播置于中心位置,这是任何严肃的国关学人都不应忽视的。世界秩序可以是等级制的,比如一个帝国;也可以是无政府状态,比如中国的战国时代、印度孔雀王朝之前的列国和希腊城邦;还可以介于二者之间,比如中国朝贡体系。在这一体系中,一个主导国家对其他国家的内政和外交关系保持一定程度的控制,但并不剥夺其主权。亨利·基辛格(Henry Kissinger, 2014: 9)将世界秩序定义为"一个地区或文明对于公正安排的本质和权力分配的概念,这一概念被认为是普遍适用的"。根据这个定义,世界秩序不同于全球秩序:它在规模上可以是次全球的。费正清(John King Fairbank, 1968)认为"国际体系"一词不适用于20世纪之前的中国,并因此创造了"中国的世界秩序"(Chinese World Order)一词,认为彼时中国还没有接受威斯特伐利亚主权的概念。大多数世界秩序是由源自单一国家或地区的文明创造的,它们通过物质(包括征服和贸易)或观念(通常是宗教)手段获得了跨国或跨大陆的影响。世界秩序可以由任何认为其观念和制度是普遍且永恒的文明发展出来。此外,世界秩序不仅仅是关于一个文明所拥有的"权力"和"公正安排",也关乎身份与互动乃至更甚,即文明将自己看作独特的实体,并且与被视为"文明的"和"野蛮的"他者进行互动的方式。文明既可以被理解为几乎具有行为体性质的相对封闭、有限、同质和排外的实体,也可以被理解为相对开放、多元、流动和包容的实体,前者指向排他、冲突和战争,后者指向和平的互动与多元的身份(Katzenstein, 2010; Rudolph, 2010: 137, 148)。在下文中,我们将适当地运用这两种理解方式。

我们的方法是比较历史,以及与一些地缘政治学相交织的政治理论。我们之所以选择印度、中国和伊斯兰世界,部分原因在于我们有一定的知识基础,但主要是出于另外两个原因。第一,这三大文明在欧亚体系内的地缘政治位置不同,因此它们与周边民族、政体和文明有着不同的接触和经历。对它们来说,"国际"的体验都是内部动态和外部接触的混合。第二,三者在当前的国际体系/社会中仍然是重要的存在。因为它们的国际关系思想传统是通过它们与现代性的遭遇而过滤出来的,所以这些传统很可能不仅会影响它们的行为,还会影响它们与日俱增地参与对国际关系学的研究和理论化所产生作用的类型。事实上,越来越多来自这些国家,特别是中国的国际关系学文献会借鉴本国的历史和政治理论来思考国际关系学。通过使用来自这些国家的文献,我们不仅可以深入探究非西方的历史和政治理论如何能够进入当代国际关系学,而且可以了解它们实际上是如何被引入的。我们希望提供一个模板,如果人们认为有趣且有用,则可以将其他文明纳入其中。

我们非常清楚,这项工作从某些方面来讲极为艰巨。我们既不幻想充分捕捉历史文化和政体的经历与观点，也不幻想准确追溯这些因素是如何通过遭遇和现代性的经验渗透至今的。即便如此，我们从修昔底德、柏拉图、霍布斯和马基雅维利等前现代西方思想家对当代西方国际关系学理论化所起到的重要作用中看到了希望，这至少表明，在实践和理论方面，历史依然活在当下。中国的孔子和其他先贤，以及印度的考底利耶，在思考世界秩序时也是如此。在下文中，我们的目标部分是在印度、中国和伊斯兰世界中找到和描绘其他类似的潜在联系，但主要是为那些比我们拥有更专业知识的人确立进一步研究的议程。我们的研究绝非终点，而是希望激励更多的人朝这个方向努力。接下来，我们将讨论固有的一些问题，然后考察三个案例，最后得出一些初步结论。

第二章　这项工作中的难题

尽管有相当多的实证证据可资借鉴，但这项工作并不简单，尤其是在目标为反事实的情况下，即理解如果非西方"国际关系学"是从其他三个文明中的一种演进而来，它会是什么样子的。在开展我们的案例研究之前，有五个难题需要解决：

1. 如何处理现有国际关系学科与西方主导世界时期之间的紧密联系。

2. 文化在国际关系中重要吗？还是说国际关系全部是唯物主义的？

3. 现代国际关系学有多"西方"？

4. 可以在古代的概念与实践和现代的概念与实践之间画等号吗？

5. 帝国 vs 国家，以及如何区分内与外。

如何处理现有国际关系学科与西方主导世界时期之间的紧密联系

其他古典文明在现代性之前是如何思考和实践"国际关系"的？尽管我们有可能重建这一基本背景，但思考可能使它们像西方那样走向全球统治或者让它们置身事外的轨迹是不可能的，或者充其量是极端猜测。由于现代国际关系学理论恰好出现在第一轮现代性革命和西方占世界主导的时期，我们无法为西方和日本以外的文明复制这种经验。不仅如此，正如我们在上一本书（Acharya and Buzan, 2019）中所展示的，从19世纪开始，亚洲、中东、拉丁美洲和非洲的现代国际关系学思想几乎完全是关于如何抵制和克服西方与日本对世界其他地区的经济、殖民和种族主义压迫的，这毫不令人感到惊讶。因此，与其说这是对植根于不同文化和历史的国际关系学的一种思考，不如说是对西方及日本的权力和现代性革命的联合遭遇所造成的巨大破坏与文化耻辱的一种反应。当然，这种现代的、反应性的轨迹至今仍在发挥作用，而且它本身对理解依附论、后殖民理论和地区主义理论方面的国际关系学思想的演进至关重要。在某种程度上，这种反应本身是由不同文化对西方和现代性双重遭遇的回应所决定的。

但这种反应性遭遇基本上偏离了梳理国际关系学理论的目的，即如果理论诞生于处于弱势地位且与西方遭遇而未受创伤的非西方文明，它将会是什么样子的。非西方国家的殖民地经历，以及它们对帝国主义和种族主义羞辱的反应，无疑塑造了并将继续塑造着它们对未来国际关系的看法。但这也几乎不可避免地强化了当前国际关系学建构的以欧洲为中心的叙事。我们希望尽可能深入发掘中国、印度和伊斯兰世界在遭遇西方和现代性之前对国际关系学/世界秩序的思考。这是它们可能确立植根于西方以外的历史和政治理论，且不会因它们与西方的遭遇而被扭曲的国际关系学发展的基础。这也是该基础的重要组成部分，由此出发，这些新获自主权的文明中的人们将在当代国际关系学的实践和思想中发挥作用。我们希望从一个独立的角度来理解具体的后殖民心结及更广泛的历史和哲学背景，如何影响当代和未来国际关系学的思想和理论化。因此，我们主要关注的是反对西方、日本的殖民主义和种族主义反应背后的思想与实践。

文化在国际关系中重要吗？

此处的困难在于我们的整个工作都建立在这样一个假设之上，即在如何使国际关系理论化及其可能性这一点上，文化和历史是有影响力的。那些具有唯物主义倾向的人，如新现实主义者、新自由主义者和马克思主义者，很可能会质疑这一假设。在他们看来，国际关系领域具有使物质因素凌驾于社会因素之上的特殊结构特性。他们把国际关系视为一个体系，并带有这个术语所包含的所有机械含义。即使对那些在意识形态上不信奉唯物主义的人来说，这一系统性方法在国际领域具有特殊的吸引力。虽然国家和其他政体内部的领域可能被认为是社会的、有序的和进步的，但它们外部的领域则是更加机械和重复的。正如马丁·怀特（Martin Wight, 1966: 26）明确指出的，国内领域是一个有可能取得进步的领域，而"国际政治是一个循环往复的领域"。如果国际领域的特征是异常脆弱的社会、政治结构，并最终在组成它的任何类型的单位间产生了较高的冲突概率，那么它便会呈现出相对不变的机械特征。

如果事实确实如此，那么我们从不同文化的国际关系思想和实践中可能学不到什么。不管它们的国家特性和差异如何，它们都会面临一个危险的、不确定的、通常充满敌意的外部环境，它们要么必须做出适当的反应，要么屈服于此。这一思路将表明，国际关系学产生于何时何种文明并不重要。除了极少数乌托邦式的孤立状态，即一种文明没有重要的邻居，所有文明在任何时候都会面临类似的情况。所有文明都会生活在敌对的和充满威胁的体系中，这会迫使它们优先考虑通过实力来自保，因此我们会采取超越时间和文化差异的、大致上相似的、主要是现实主义/权力政治的形式来研究国际关系的思想和实践。西方的国际关系学不会仅仅因为它是西方的，以及它很可能已经发现或重新发现了国际关系学的大部分（如果不是全部的话）真相而与众不同。

和亨德里克·斯普鲁伊特（Hendrick Spruyt, 2020）一样，我们不认为国际关系学主要是一种物质现象，就仿佛它是物理学的一个分支一样。但我们的方法允许把这种观点视为一种假设，并应使我们能够以某种方式对这个问题做出一些判断。如果我们发现西方以外的文明思考和实践国际关系/世界秩序时仍采用大致相似的形式，那么怀特的"一个循环往复的领域"的理念将得到支持。然而，如果文化在国际关系中确实很重要，那么我们就会期待发现世界秩序/国际关系在不同时间和空间中被思考与实践的本质性差异。因此，我们使用混合术语"国际体系/社会"来为两种理解预留空间。

现代国际关系学有多"西方"?

我们所认为的西方国际关系学[1]实际上可能从其他文化中吸收了很多观念,因此从这个意义上说,它并非一门严格的欧洲学科。欧洲崛起为世界性强权在很大程度上定义了现代历史,从这个意义上讲,它是思考国际关系问题的一系列文明中最新的一个。因此,作为最新的文明,它至少包含了一些甚至可能是相当多的来自其他文明的早期思想。欧洲的优势是在全球范围内实现的,欧洲文化受到科学现代性的激励,渴望尽可能多地了解自己征服和从属于自己的地区的文化,这一事实增强了上述可能性。欧洲人习惯于向过去学习,并把来自古希腊和古罗马的广泛知识遗产作为它们的文化中心。正如丹尼尔·德德尼(Daniel Deudney, 2007: 91)所言:"古希腊与罗马共和国的行为和语言被奉为西方作为一个独特文明的现代概念的基础,古代作家和事件

---

[1] 从一开始,我们就想提醒读者,正如我们在"非西方国际关系学"或"全球国际关系学"方面做的所有工作一样,"西方"和"非西方"是有问题的、有争议的标签。2007年,我们(Acharya and Buzan, 2007: 431-432)提出,"西方/非西方的分野"可能看起来是"过时的、对抗性的和误导性的,因为两个阵营内部无疑存在多样性",而且"不可能对什么构成非西方给出任何具体或精确的定义,尤其是因为这将涉及对什么是'西方'做出判断"。然而,南北之间的差异仍然存在,包括影响国际关系学研究的物质、观念和制度的资源。国际关系学正同时沿着全球/国际和区域/地方的轨道发展。但总而言之,这些区别最好被视为"便利措辞"(terms of convenience, Acharya, 2011: 621);我们非常了解并接受两者之间的界限往往是随意和流动的。其他学者如蒂克纳和维夫(Tickner and Waever, 2009, 3: 332)及希利姆(Shilliam, 2009)对西方和非西方的使用也存在保留和细微差别。

在西方思想的各方面特别是政治方面，有着惊人的影响力"。这里存在一个颇具讽刺之处，因为希腊、罗马在很大程度上借鉴了先于它们出现、而后与它们并行的美索不达米亚和埃及两大文明。事实上，古典时代的希腊和罗马与其说是严格的欧洲文明，不如说更像是与非洲、美索不达米亚、南亚和中亚有着密切联系，与中国联系稍弱的地中海文明的一部分。因此，欧洲选定的古典根源已经深深扎根于其他文明之中。

尽管19世纪的欧洲人对古希腊和古罗马的智慧持开放与尊重的态度，但他们经常以种族、宗教和文化为由蔑视前现代的"土著"民族。他们认为自己是"文明人"，而其他人是"未开化的人"或"野蛮人"。然而，18、19世纪，在与亚洲文明的接触中，英国从印度学到了很多关于纺织品和钢铁的知识，从中国习得了不少关于瓷器制造的内容，而且18世纪的欧洲改革者对中国官僚机构中精英的素质印象深刻（Braudel, 1994 [1987]: 188-190, 194; Buzan and Lawson, 2015: 26, 31）。在某种程度上，欧洲人融合了来自古代地中海世界或/和他们在欧洲扩张期间接触的其他文明的国际关系学思想，这使现代国际关系学在性质上不像通常认为的那样特别具有西方性。在这种情况下，国际关系学于1919年创立的叙事中所呈现的以盎格鲁圈为中心的那种明显的欧洲中心主义——其古怪且狭隘地以1648年为关键的"现代"日期，关于权力政治和自由主义经济秩序的观念，以及它把自己的历史作为世界历史的宣传——可能只是在相当浅显的意义上以欧洲为中心，掩盖了并非以欧洲为中心的世界性起源。这一因素也可以使"西方"国际关系学思想和其他文化在其他时期的国际关系学思想之间产生一定程度的相似性。我们可能无法直接追踪这种衍生的系谱，但我们肯定可以寻找相似之处，这可能会使溯源任务成为比我们更胜任的人值得研究的项目。

可以在古代的概念与实践和现代的概念与实践之间画等号吗？

在进行这项工作的过程中，我们需要对"现时中心主义"（tempocentrism）问题保持敏感，即主权、权力、规范、人权、民主、均势和理性等诸如此类的现代概念向过去的投射。在国际关系学领域，这样做很有诱惑力，因为它为源自欧洲近代史的现代概念和理论形成统一性、连续性与普遍性开辟了道路。我们意识到，尽管国际关系理论经常声称它以通用的语码说话，但国际关系学理论词汇的许多核心概念——如权力、主权、制衡、和平、帝国、规范——都直接或间接地（例如通过古法语）源自希腊语和拉丁语。希腊中心主义或古希腊罗马中心主义在某些方面是欧洲中心主义的先驱，但在另一些方面，它们将欧洲思想与同希腊罗马相联系的更广泛的欧亚文化圈联系起来。我们如何认识现有概念的文化、历史来源和语境，从而使它们不成为忽视或模糊其他起源的人造通用代码的一部分？这对当今的全球国际关系学来说是一项具有挑战性的任务。

要理解霸权，就要从理解希腊语的霸权（hegemonia）一词开始，思考合法观念在竞争和武力支持下传播的希腊世界。要理解帝国，就需要考虑统治权（imperium）和统治者（imperator），而且罗马是典型的帝国，实行暴力的、直接的政治控制。然而，如果你思考观念在亚洲的传播，那么情况就不一样了，印度的观念大多是在没有武力支持的情况下传播到东南亚和东亚的，中华帝国的长期繁荣则更多是通过象征性的权威，而非野蛮的武力。

希腊的霸权概念有多重含义，但正如大卫·威尔金森（David Wilkinson, 2008: 119）指出的，它在很大程度上意味着"军事－政治等级，而不是财富或文化声望"。希腊化，即古典希腊文化的传播，始于希腊移民，有时会导致原住民的被迫迁移，就像在西西里岛发生的那样。后来的希腊化是在亚历山大大帝带领下，经由直接的军事征服实现。相比之下，印度和中国的观念传播，尤其是前者，更多的是出于文化声望，而"印度化"在很大程度上是一个和平的过程，它并没有取代当地社会，反而促进了当地文化和政治的发展（Acharya, 2012: 60-70）。

更为复杂的是，其他语言中可能没有这些核心概念的同等含义。中国人经常对西方与之相处时源源不断的词汇感到困惑，这些词汇在中国人的语言中是没有对应词的，比如"接触"（engagement）、"建立信任"（confidence-building）和"人的安全"（human security）。他们甚至没有"主权"（sovereignty）的准确同义词（主权或主人/赞助人的权利）。对他们来说，美国最喜欢的政策术语"engagement"，意思是"接触和联系"。"security"这个词在中文里被翻译为"安全"，但这个确切的中文术语也可以用来表示"safety"，后者则少了些军事含义。[2]中国著名学者秦亚

2　我们感谢美利坚大学的研究者梅珊珊和吴笛的翻译与辨析。

青指出，传统中国并没有西方所理解的"国际性"（internationalness）概念，³那么他们是如何与国际关系学联系起来的呢？作为回应，中国人提出了自己的话语，如"天下"和"大同"等来描述他们的世界观。"和平崛起""和平发展""利益交融""和谐关系""命运共同体"等概念也更具中国色彩，尽管这些术语有其要服务的目标（Zhao, S., 2017）。正如我们在接下来的章节中所展示的，许多国家、社会提供了既与理想主义也与权力政治的思维模式有所共鸣的观念的例子，这使我们有可能探索它们与现有英文概念的联系，尽管这并非易事。

人们必须谨慎并警惕这样一种可能性，即当代的概念可能在过去并不存在，或者以不同的形式存在，具有不同的含义和重要性。它们可能只存在于一部分文化中。同时，我们并不排除一些可能性，即唯物主义者认为国际关系的"循环往复"表明了深层结构的运作，或者"西方"国际关系学思想借鉴了跨越时间和空间的观念。如果这些因素在任何重要意义上都起作用，那么在不同的文化中很可能存在平行的或相似的概念。但我们并不认为这是理所当然的，而是密切关注我们发现的这些概念的文化背景。

我们由此意识到使用诸如无政府状态、等级制、理想主义、现实主义、理性、规范、相互依赖和全球化等标签，可能会让我们看起来以西方为中心，因为它们在西方的学术和政策话语中被

---

3 这是在朝贡体系的特定背景下："这样的体系没有'国际性'空间。因此，中国人传统上没有'国际性'意识和与之相关的例如主权、领土完整这样的概念。自然也就没有必要发展国际关系学理论"（Qin, 2007: 323-334）。

广泛使用。但我们的目标恰恰相反。我们认为没有必要完全抛弃这些概念,而使用全新的词汇来考察或"引入"非西方对国际关系学的贡献,以免重蹈欧洲中心主义的覆辙。这种观点过于简单,而且有缺陷。它错误地假设这些概念或它们所代表的结构、制度和实践是西方独有的贡献,这种印象因它们经常以这种方式呈现而得到强化,部分原因在于英语占据的主导地位(英语从希腊和罗马及其他文明中借用了其中一些概念)。事实上,这本书的目的之一就是挑战西方发明了这些概念或整个国际关系学的说法。与此相关的是,这里所研究的关键概念是关于世界政治和秩序的一般概念,可以与它们在通用词典上的含义一起使用,而不是在西方政治和国际关系学专业词典中的特殊概念。无论是在古代还是现代,它们都代表了对国内和国际关系中政治与秩序的广泛理解。因此,使用它们作为参照和比较点既方便又有用。

例如,中国杰出的国际关系学者阎学通(2011: 14)告诫道,不要一味地用现代范畴的"现实主义者"或"理想主义者"来对中国哲学家进行划分,但他仍然在古典思想家和现代政治学与国际关系学概念之间找到了足够细微的相似之处,如儒家思想与理想主义、老子与无政府主义、墨子与和平主义、韩非子与现实主义、荀子(和阎学通本人)与"道义现实主义"。正如他所说:"先秦思想家使用的语言和词汇与现在所用的差别很大,但两者思考问题的方式和逻辑非常相似"(Yan, 2011: 26)。

这并不是否认这些概念在不同的历史和文化背景下具有不同含义的说法。这也不是要否认非西方社会中的一些概念和观念对现有的国际关系学词汇而言是全新的观点。该学科需要认真思考这些概念对它的正统理论提出了哪些挑战，以及如何整合或调适它们，以使国际关系学理论真正具有普遍性。但是，如果国际关系学发展要进行真正的全球对话，那么西方和非西方学者需要相互交流，而不是自说自话。为此，他们需要开发和使用共享的词汇表。这意味着并要求西方学者应当理解非西方的概念，就像他们希望非西方学者精通西方观念一样。只有通过这种相互学习和接触，才有可能推动构建真正的全球国际关系学。因此，我们在本书中试图把关于国际关系学未来的讨论引向这个方向。

在探寻全球国际关系学方法的过程中，一个明显的诱惑是试图将地方性经验置入现有的理论范畴，如现实主义、自由主义、建构主义、马克思主义和英国学派等，或置入主权、均势、相互依赖和国际社会等概念。但这并不令人满意，因为人们可能会丢掉这些概念的原意与语境。此外，许多本土概念可能会超出或实际上跨越现实主义-自由主义-建构主义的划分，这一划分本身在最近的国际关系学理论文献中就受到越来越大的挑战，尤其是来自那些呼吁"分析折衷主义"（analytic eclecticism）的学者（Sil and Katzenstein, 2010）的挑战。有些本土概念在英文中可能没有任何对应词。

另一种方法与前一种并不互斥，它类似于一些国际关系学者所说的"俗语化"（vernacularization）或"翻译"（translation），即将现有的理论概念应用于不同的历史和当代地方背景，特别强调探知它们的含义在这些背景下如何变化。在极端情况下，这样的努力可能涉及"构成性本土化"（constitutive localization, Acharya, 2004, 2012），由此带来重新阐释，即普适性概念是在当地的"认知优先"（cognitive priors）基础上形成的，最终结果是侧重当地的而非外部的意义和实践。

第三种方法，同样与上述两种方法不相互排斥，它是指以当地的术语呈现源自世界不同地区的概念和方法。同时，以某种方式将这些本土概念与现有理论联系起来可能使它们更容易被整个国际关系学共同体所"识别"：保留本土概念的自主（autonomous）含义，并突出它们的关联（associated）含义（与现有国际关系学概念关联的含义）。虽然现实主义、自由主义、建构主义与英国学派等理论的起源和语境都是西方的，但这些理论背后的概念，如权力、利益、正义、和平、抵抗、国际和世界社会等，则是更具普遍性的概念，在大多数文化和语言中都以某种形式存在。换句话说，不同的文化和地区可能提供相似但不相同的概念。答案必须包括在某种程度上探索关键的国际关系学概念的自主含义和关联含义。

帝国与国家，以及如何区分内与外

与刚刚讨论的含义和概念不匹配的困难相关的问题是，现代国际关系学的主导单位被定义为现代理性国家（Buzan and Lawson, 2015: 127–170）。现代国家过于重视主权、领土和民族主义，进而执着于对相当固定的边界的迷恋。结果导致现代国际关系学是根据内部和外部的明确区别来定义的（Wight, 1966; Walker, 1993）。相比之下，在我们的三个前现代案例研究中，占主导地位的单位是布赞和劳森（forthcoming: ch. 4–6）所称的农耕-游牧混合帝国（conglomerate agrarian/pastoralist empires, CAPEs）。正如罗伯特·吉尔平（Robert Gilpin, 1981: 110–115）概述的那样，它们是与现代国家截然不同的实体类型。它们具有松散的聚合结构，波动且模糊的边界，根本不存在威斯特伐利亚体系中表征国际关系学的那种严格的内外区分。这些帝国通常经历扩张和解体的周期，尽管这些周期的节奏各不相同。一些农耕-游牧混合帝国持续了很长时间（汉、罗马、拜占庭、阿拔斯、奥斯曼、清），而其他的则相当短暂（亚历山大帝国、秦、塞尔柱）。彼时的作家如考底利耶、伊本·赫勒敦和尼扎姆·莫尔克（第六章将详细介绍）都更关注帝国内部的扩张和衰落过程，而不是它们与同类帝国的外部关系。

这些帝国当然有内/外的"国际关系"，最明显的当数与其他敌对帝国的关系，但并非仅限于此。帝国还必须与在一定程度上自治的商人相联系，他们的行会和侨民经营着长途贸易。有时，他们不得不应对游牧部落的迁徙和/或入侵，这可能会在军事上和政治上产生威胁。

帝国间关系的例子颇多，尤其是在拥挤的地中海和中东文明世界：雅典和斯巴达，罗马和迦太基，罗马和帕提亚，拜占庭和萨珊，奥斯曼和哈布斯堡，奥斯曼和萨法维，奥斯曼和俄国，等等。然而，由于它们松散和分层的政治结构，以及它们流动且往往模棱两可的外部边界，很难将它们的"国内"政治从"国际"关系中区分出来。正如赫勒敦所密切观察到的那样，在这些帝国内部，中心与外围之间的关系可以而且确实频繁放松或收紧。这些帝国通常以金字塔的形式组合在一起，地方统治者在中央的监视（及帝国的驻军）之下进行统治。这种政治结构意味着农耕-游牧混合帝国可以低成本地快速整合。但这也意味着，当中央力量削弱时，它们也可能随着地方政治的脱离而迅速分崩离析。帝国主要是掠夺性的，但它们也提供包括法律、货币、贸易和安全在内的公共产品。它们大多并不试图对文化或身份进行同质化，尽管有时通过提供通用语言、文字、法典和/或宗教能获得这种效果。

因此，鉴于领地可能有时在一个帝国内部，有时在它之外，或只与它有着最微弱的联系——例如19世纪的柏柏尔诸国、埃及和奥斯曼帝国，或者萨法维和莫卧儿帝国之间的阿富汗；一个帝国本身可以是，而且经常是一种国际体系。人们可以很容易地看到普遍帝国，比如罗马和汉代中国，它们将大部分或所有当地的"已知世界"合并为国际体系/社会，在无政府状态和等级制之间摆动。很多更成功的农业帝国倾向于认为自己在原则上是普遍的，因为它们的统治者有可能将整个世界纳入其中。这就是为什么前文提到的中国的天下概念与威斯特伐利亚的有限领土观念形成了如此强烈的对比。

直到19世纪，帝国这种单位在全世界都占主导地位，即使在现代，直到1945年，它仍然是主要的单位。帝国提供了一个与现代国家截然不同的对国际关系和世界秩序进行思考、概念化和实践的基础。也许这两种类型的主导单位之间的主要相似之处在于，它们通常都嵌入并依赖比它们自身广泛得多的贸易体系。现代国家催生了囊括一切的全球贸易和金融体系。古典帝国有时试图将其贸易体系置于自己的控制之下，或整合为自身的一部分，但很少取得成功。中国人从未控制整个丝绸之路，罗马元老院的元老们抱怨支付丝绸等奢侈品进口的钱币流向了亚洲（Buzan and Little, 2000: 222）。

本书的计划

我们无法提出一种将前现代思想和实践与当代国际关系学理论词汇相互关联的系谱，因为这超出了这项颇具探索性的初步研究的范围。如果本书引发了争论，那么其他比我们更胜任的人可能会想从这个角度展开讨论。我们的目的是发现不同时空中人们思考与实践世界秩序和国际关系的异同。我们希望在研究中避免给予当代国际关系学现有词汇和理论任何非必要的特权，同时找到充分的共同基础来进行比较，并探讨差异。为此，我们制定了一个包括六个术语和标题的相对中立的方案，对我们发现的思想和实践进行分类。我们认为，前五个术语和标题对任何符合"国际关系"和"世界秩序"框架的关系体系几乎是通用的：等级制、权力政治、和平共处、国际政治经济和领土权/跨国主义。第六个是思维模式，也适用于思想和实践，但强调了用于思考这一主题的规范和哲学框架。

• 所谓"等级制"，是指这样一种倾向，即社会关系一定且最好是由等级秩序而不是平等原则构建的思想和行为。这种等级排序的标准是多种多样的，包括阶级、种族、财富、权力和意识形态。等级制可以在从国内（奴隶制、父权制、贵族制和种族隔离制度等）到国际（文明标准、大国权利和责任、帝国主义/殖民主义）的社会各层面发挥作用。

• 所谓"权力政治"，是指这样一种倾向，即社会关系，特别是"国际"关系，主要是由行为体为自身积累财富、权力，提升安全和地位的欲望所驱动的思想和行为。直到19世纪民族主义兴起，它的主要表现形式是帝国主义和王朝主义，这使得统治者通过武力获取奴隶、臣民、战利品和领土的行为是合法的。

• 所谓"和平共处"，是指一群国家围绕从承认、外交到共同项目的合作等一系列战略、结构和条件的思想与实践，这使它们的关系远离零和的权力政治。[4]帝国和诸如宗教的群体认同可以成为和平共处的手段，尽管它们也可以支持权力政治和/或等级制。

• 所谓的"国际政治经济"，是指这样一种倾向，即将贸易、商业视为本身自足并在某种程度上与政治和战争相分离的活动的思想和行动。

• 所谓"领土权/跨国主义"，是指是否将政治和文化与领土相联系的思想或行为的倾向。这种二分法也适用于经济领域。跨国思想和行动为非国家行为体及个人或群体成为国际关系/世界秩序的参与者提供了空间。

4　我们的和平共处概念不应与当代的和平共处五项原则（印地语为 *Panchasheel*）混为一谈，后者是中国和印度在1953—1954年达成一致的原则。这些原则是"互相尊重主权和领土完整、互不侵犯、互不干涉内政、平等互利、和平共处"（Backgrounder, 2015）。中国外交政策仍然强调的这些原则是建立在现代威斯特伐利亚的主权、平等和不干涉原则的基础上，但它们在古典亚洲基本上是不存在的。而我们的语境是帝国、宗主国和等级制，本书中和平共处的用法具有更广泛的，尤其是规范和文化的因素，尽管二者都试图限制零和的权力政治概念。

- 所谓"思维模式",是指理解和分析人类行为,尤其与国际关系学直接相关的概念和理论,以及有关认识论的相关理念的不同方式。

在接下来的案例研究中,我们希望阐明所有这些问题,并在结论中更为详细地讨论它们。我们期望发现一些有关国际关系的超越时空的重要思想和实践,否则会让人感到惊讶。现实主义者认为,权力和生存的逻辑在结构上具有一定的普遍性,这并没有错。但如果我们没有发现显著的差异,我们同样会感到惊讶。历史上有着千差万别的文化和环境,如果这不能产生对世界秩序和国际关系的独特思想与实践,那么唯物主义的结构逻辑将是唯一的胜利者。

接下来,我们按时间顺序铺陈我们的案例研究,首先是印度,然后是中国,最后是伊斯兰世界。印度有历史上更古老的文明(印度河流域),它和中国一样,是一个连续的文明。两者都经历过外国列强的周期性统治,都成功地吸收了外部的影响。正如印度总理贾瓦哈拉尔·尼赫鲁所说,尽管"印度在历史上曾多次被分裂和征服……印度政治统一的理念始终存在"(Nehru, 1938)。认为印度文明不像中华文明那样连续的观点忽视了这样一个事实,即吠陀时代印度(公元前 2000 年中期,与中国商周同时代)的观念和仪式至今仍然存在于印度教信徒的日常生活之中。伊斯兰世界相对来说是一个后来者。中国、印度,以及较小范围内的欧洲都与本土历史根源有着深厚且持续的联系,而伊斯兰文明则建立在同一片土地上一系列先于它的文明基础之上,这些文明包括埃及文明、美索不达米亚文明、波斯文明、希腊文明、罗马文明、拜占庭文明及印度文明。这就是费尔南·布罗代尔（Fernand Braudel, 1994［1987］: 41-43）所说的"后继文明"。

在这三个案例中，我们都考察了它们的国际关系思想与实践。我们这样做既是为了从那些经验中寻找假想的国际关系学的来源，也是为了丰富对这些概念可能包含的内容的理解，它们超出了目前在国际关系学中占主导地位的特定的西方文本所涵盖的东西。这种既建立在政治理论家的抽象之上，又或许更多地是建立在对历史实践的观察之上的双重来源也是西方国际关系学的基础。我们试图通过关键的文字材料来辨识思想，并观察思想与实践是如何相一致/不一致的。我们试图将所有这些与影响每个案例的特殊地缘政治环境相联系。接下来这三个案例研究章节的总体结构是，首先介绍地缘政治背景，然后探究关键的文字材料说了什么，最后考虑实践，以及实践是如何与思想相一致或不一致的。我们对思维模式的主要讨论集中在思想的标题下，并将其他五个概念适当地贯穿其中。这些案例都是为了在第六章中得出一系列比较性的结论。

第三章 印度

引言

当然，我们划分三个案例时遇到的一个困难是，古典的"印度"也是伊斯兰世界的一部分，尤其是自16世纪初莫卧儿帝国崛起之后，实际上在此之前也是这样。印度北部的情况尤其如此，尽管德里苏丹国和莫卧儿帝国有时确实将它们的势力延伸到印度南部。因此，在本章中，我们将集中讨论前莫卧儿时期，主要是吠陀、佛教和印度教时代的印度，后面的章节将讨论作为伊斯兰世界一部分的莫卧儿帝国。有充分的理由将莫卧儿帝国和之前的德里苏丹国视为伊斯兰世界的一部分，因为它们拥有突厥化的蒙古精英，与波斯的文化和治理有着紧密的联系，并且与乌玛有着跨国的联结（Dale, 2010）。关于印度文明"本土性"的政治辩论和论断颇多。[1] 其中一个问题是，印度河流域的居民是或者说在多大程度上是本地土著，还是来自西亚和中亚的早期移民潮。同样有争议的是，印度河流域文明和随后由中亚游牧民（所谓的"雅利安人"）于公元前2000年中后期在恒河流域建立

---

1 相关概述参见 Menon and Mishra（2013）。

的文明之间的关系。[2] 印度河流域社会是否与后来的西亚移民保持了某种连续性？

毫无疑问，欧亚体系中部的地理位置对塑造贯穿印度历史的文明和政治秩序至关重要，这使它比南亚或东亚的其他地区更容易与其他文明，尤其是在它西部的文明直接接触。与此同时，就像中国和伊斯兰世界一样，南亚也从一开始就面临拥有军事优势的草原游牧民的压力（Scott, 2017: 183-189; Neumann and Wigen, 2018）。大约从公元前 1500 年开始，"雅利安"游牧民开始进入印度。这是一个与当地居民冲突的过程，尽管最近的研究和发掘表明，"雅利安人"并没有完全取代原先存在的印度河流域文明，但可能吸收了其文化和民族的元素。到公元前 600 年，这一过程产生了一种混合文化和种姓制度，它的特征之一是根据宗教和政治权威划分不同的种姓（Braudel, 1994 [1987]: 217-221）。公元前 500 年，波斯帝国扩展至印度河，公元前 4 世纪，亚历山大帝国也是如此。公元前 1 世纪，罗马人在次大陆建立了海上贸易站（Curtin, 1984: 99-103）。从 8 世纪开始，伊斯兰的入侵转变成常规的侵略，并在 12 世纪后日益变成占领。在东方，东南亚没有出现能够在军事上威胁次大陆或在文化上挑战它的独特的本土文明或国家。

印度在欧亚贸易体系中处于中心地位，既是出口商品（丝绸、香料、棉花和铁）的生产国，也是东西方商品的进口商和

---

[2] 流行的叙事是，游牧的"雅利安人"把印度北部的土著居民（被称为"德拉威人" [Dravidians]）驱逐到了南部。一个相反的论点是这里发生的不是迁移而是交融。

转运商。它位于从公元前4世纪开始连接中东、南亚、东南亚和东北亚的区域性海上贸易体系的海上丝绸之路的中心位置（Paine, 2014: ch. 6）。中国人乘坐自己的船出海要慢于乘坐外国商人的船，首艘有记载的抵达印度的中国船只是在2世纪（Jacq-Hergoualc'h, 2002: 264）。中国的佛教徒在5世纪到印度朝圣（Jacq-Hergoualc'h, 2002: 51–57; Hansen, 2012: loc. 4579）。从7世纪开始，唐朝和阿拔斯王朝时期，海上航线得到极大发展（Chaudhuri, 1985: 34–62）。9世纪，穆斯林商人从波斯湾到广州历时约18个月的直接往返旅行已经变得很普遍，尽管到了10世纪，这种模式又回到了以印度和东南亚为中介的地区间贸易（Curtin, 1984: 106–108; Chaudhuri, 1985: 37–41）。像中国一样，印度各种政体主要持陆权主义的观点，对海洋不感兴趣（Hodgson, 1993: 197; Risso, 1995: 40–41, 56–68）。因此，与中国一样，古典印度从未发展过海权，或者最多就是当地沿海航运；但也有一个例外（朱罗帝国，下文详述）（Jacq-Hergoualc'h, 2002: 74, 95, 270, 279）。

正是在这个文化、军事和经济的十字路口，印度的世界观应运而生。布罗代尔（Braudel, 1994 [1987]: 226, 228）观察到印度教"寻求拥抱一切"，它"不仅仅是一种宗教或社会制度：它是印度文明的核心"。印度种姓制度是一种非常强大的社会等级形式，提供了重要的社会和经济秩序模式，不需要政治结构来维持和复制自身（Mann, 1986: 341–372）。因此，印度的总体政治秩序在诞生之初就是去中心化的，并保持着这种状态，尽管间或有一些强大的帝国统治，但这种统治在孔雀王朝和笈多王朝之后主要是外来者强加的。

思想

印度的国际关系学思想主要有三个方面：经常与现实主义相联系的考底利耶的《政事论》(*Arthashastra*)；大部分来自阿育王时期佛教的"达摩"；以及出自印度经典的认识论和本体论思想。

考底利耶的《政事论》

印度国际关系学思想中现实主义的方面最广为人知。这是因为考底利耶的《政事论》（物质收益的科学）被现代现实主义者拿来作为他们思想的"永恒性"(timelessness)的理由。《政事论》已经引起很多关于它的作者（一人还是多人）、时间（它是什么时候创作的[3]）和意图（创作背后的动机是宗教的还是世俗的）的争论（Shahi, 2020a: 1）。

---

[3] 1905年，《政事论》被重新发现，其成书年代存在争议。一些人将其追溯到公元前4世纪，大约在孔雀王朝时期，而另一些人将其追溯到3世纪。一个新兴的共识似乎否定公元前4世纪的说法，将第一个书面版本出现的时期追溯到1世纪中叶，但它借鉴了来自前几个世纪的资料。迈克尔·利比希和沙鲁巴·米什拉（Michael Liebig and Saurabh Mishra, 2017: 24-28）认为考底利耶的工作建立在早期的政事论传统的基础上，而这种传统现在已经失传了。该文本也被认为在后期经历了修改。根据帕特里克·奥利维尔（Patrick Olivelle）这位著名的《政事论》研究权威和翻译者的观点，该文本"不能被追溯到1世纪末，因为在关于货币的章节中，他（考底利耶）对大约1世纪末开始的贵霜时期流通的金币一无所知"（email, 5 April 2020, 12: 31PM EST）。

但文本无疑包含了许多与现实主义思想产生共鸣的内容。大部分内容是关于财富、权力和享乐的斗争；对人类事务中不可避免的冲突的假设；在外交（和国内）政策上的审慎，以及按照实然而非应然来理解事物（Liebig and Mishra, 2017: 5-6, 12-13）。在这方面，有趣的是印度学者贝诺伊·库马尔·萨卡尔（Benoy Kumar Sarkar, 1919, 1921）的两篇关于国家和国际关系的"印度教理论"的文章（Bayly, 2017）。萨卡尔很熟悉印度和西方关于国家和国际关系学的思想，利用考底利耶和卡曼达卡（Kamandaka）等印度思想家的著作，不遗余力地论证古典"印度教"关于国家和国际关系学的思想实际上与古希腊以来西方现实主义传统完全相同，而且要更早。他认为"曼陀罗"（Mandala）主义本质上是关于权力政治、永恒的战争和无情的现实政治（*realpolitik*）的，只有当一个统治者能够迫使其他所有君主屈服时，和平才有可能。只有普遍帝国才能实现和平——尽管这一观念在农耕-游牧混合帝国时代很普遍，但它在很大程度上仅仅是服务于一个（无法企及的）目标的战争手段而已。关于国家，他认为"印度教"理论与霍布斯的观点非常相似，都始于对人性（贪婪和暴力）的模糊看法，从控制随之而来的无政府自然状态的需要发展到一个能够运用强制规则来执行法律和财产权的利维坦。

考底利耶最重要的外交政策的目标是统一印度，同时保持与次大陆以外政体的均势关系（Liebig and Mishra, 2017: 3-5; Mitra, 2017: 36）。值得注意的是，考底利耶的书与尼扎姆·莫尔克（Nizam al-Mulk, 2002）、伊本·赫勒敦（Ibn Khaldun, 1969

［1370］）的书一样，都是为农耕-游牧混合帝国的君主们编写的治国手册（Buzan and Lawson, forthcoming, ch. 4-6）。正如上面所指出的，这种政体对领土的理解和实践更加开放和灵活，对国内政策和国外政策的区分也不像威斯特伐利亚国家那么明确。它们的繁荣或衰落在很大程度上取决于君主的素质和能力。对于这样的政体和它们的王朝领导人来说，"朕即国家"（*l'etat c'est moi*）的观念离政治现实并不远。

《政事论》中包含了许多关于征服敌人、扩张领土和管理帝国的政策建议，包括战争、暗杀、间谍等手段。考底利耶和马基雅维利的思想有许多相似之处，但他的思想比马基雅维利的思想早了至少1500年，而且使统治者对人民的幸福更加负责。考底利耶发展了第一个思考外交政策和国际关系的系统框架，即他的"曼陀罗"（"国王圈"或"国家圈"）理论（Liebig and Mishra, 2017: 9-10; Spruyt, 2020: 253-283）。

曼陀罗理论为一个有抱负的征服者——个人而非国家——规定了友好和敌对的立场和政策。有抱负者周边的国家可能是他的敌人，而敌人领土周围的国家可能是他的朋友。但这是一个动态模型，不仅仅取决于地理位置。想要成为征服者的人所追求的各种激励和制裁，如补偿、和解、分而治之和武力，最终决定了邻国及其他国家的忠诚和反对。为此，考底利耶还为统治者规定了一系列外交政策措施，包括和平条约、保持被动、先发制人地打击敌人，以及寻求与其他统治者结盟。

威廉·麦克尼尔（William McNeill, 1965: 331-332）指出，考底利耶的《政事论》"带有强烈的希腊化时期思想烙印"，特别是希腊的"国家在人类活动的所有方面至高无上"的理念。然而，他也承认孔雀王朝行政的真正实践是建立在摩揭陀王国（Magadha state）既有的体系基础上的，"尽管旃陀罗笈多和他的继任者可能被希腊化的统治概念所迷惑，但最终还是印度本土的阶层占了上风"。因此，这可能是孔雀王朝本土化的问题，而不是大规模地采用一些希腊思想，尽管对此没有确凿的证据。有可能是亚历山大大帝进入印度河地区的冒险影响了他的思想，这显然由孔雀王朝的建立者旃陀罗笈多所亲眼目睹。但这些假设并没有明确的证据，其中一些关于希腊影响的假设可能归因于希腊中心主义，或西方历史学家将重要的政治思想和创新归功于古希腊的倾向。有更多的理由认为，古代印度北部受到了波斯政治和行政观念与实践的影响，但它更多的是选择性的本地化，而不是全盘借鉴波斯。

一些学者（例如 Singh, 1993: 127）将曼陀罗视为国际关系中的一种均势理论。罗杰·伯舍（Roger Boesche, 2003: 19-20）反对道：

> 人们确实偶尔会在考底利耶的论述中发现这样的论点："如果（两个具有同样实力的盟友的）收益相等，就应该有和平；如果不相等，就会发生战斗"，或者说，"如果实力强大，征服者就应该前进，否则就保持沉默。"尽管这些均势理论家认为一个国家应该武装自己以确保和平，但考底利耶却希望他的国王武装这个国家以便在敌人中找到或制造弱点并加以征服，甚至征服世界，或者至少征服印度

次大陆。

考底利耶政治思想中不太为人所知的方面是他对合法性和克制的观点。《政事论》的大部分内容似乎是关于扩张和征服的，但他也认识到美德和实用主义的重要性（Sharan, 1992: 206-207），以及确保被征服人民支持的需要。这预示了现实主义思想审慎的一面。例如，《政事论》中的一段文字就说明了这一点：

> 我们要对付哪一个敌人——邪恶的强大敌人还是正义的弱小敌人？品行不端的强大敌人应该被打击，因为当他遭遇攻击时，他的臣民不会帮助他，而是推翻他或倒戈至征服者的一边。（*Kautilya*, 1915）

但是迪普什哈·夏希（Deepshikha Shahi, 2014: 72）认为，考底利耶超越了简单的审慎性："考底利耶的深思熟虑中确实包含道德因素。《政事论》的折中解释清楚地表明，一个有抱负的征服者（Vijigisu）不仅仅是被权力最大化的现实主义野心所驱使[4]……他的实际权力的提升需要有对正义和宽容的道德关注"。因此，考底利耶建议，想要成为征服者的人应该首先通过寻求臣服来扩大他们的领土，而不是发动征服战争。一旦臣服得到保证，贡品的流动得以确立，取代战败的统治者就是不明智的，因

---

[4] 然而，我们注意到"权力最大化"是一种新现实主义的主张；古典现实主义更多的是关于审慎，并确实允许一些道义考量存在（参见 Yan, 2019）。

为他们很可能成为该国永久的敌人。如果一个统治者不服从帝国的统治，征服者应该在不破坏王朝统治的情况下用一个亲属代替他。此外，一个正在征服的国王应该"下令释放所有囚犯，并帮助那些痛苦、无助和患病的人"（*Arthashastra*，引自 Boesche，2003: 143）。这将减少不满和未来反抗的可能性。在他的人道主义做法背后，有一个实际的、权力政治的原因，但它仍然是人道的。

需要有更多的研究来确定，像旃陀罗笈多和阿育王这样的孔雀王朝皇帝是像罗马人一样征服了领土，并带走大量奴隶，还是采取一种更间接，可能更人道的方法，但在考底利耶的著作中明确要求公正地对待被征服的人民。从古代美索不达米亚到英帝国，在农耕-游牧混合帝国中，常见的做法是让当地统治者留任，通过他们进行统治，征收赋税，并在贸易、法律、货币和保护方面提供好处。如前所述，这使得这些帝国能够以相对较低的成本快速扩张，尽管这也意味着当中央力量削弱时，它们也会迅速分崩离析。

在西方，考底利耶通常被比作马基雅维利。二者都建议统治者如何打败敌人和扩张领土。但是考底利耶的《政事论》做了许多其他的事情，包括目前已知最早的对国家的全面定义。《政事论》中的七支（*saptanga*，国家的七要素），包括王（*Swami*）、相（*Amatya*）、人口与国土（*Janapada*）、城堡（*Durga*）、国库（*Kosha*）、军队（*Danda*，尽管这个词的字面意思是惩罚）和盟国（*Mitra*）。考底利耶的著作比柏拉图和亚里士多德的著作更详细地描述了国家及其制度。正如拉姆·沙兰·夏尔马（Ram Sharan

Sharma, 1996: 38）所主张的:"尽管柏拉图和亚里士多德对国家的起源进行了推测,但他们从未像早期印度思想家那样对国家下过尖锐而清晰的定义。从这个意义上说,考底利耶为我们提供了古代所能找到的最完整、最彻底的国家定义。"

苏布拉塔·K.米特拉（Subrata K. Mitra*, 2017: 41-42）提出了重要的一点,即《政事论》不只是与它所在的时代相关。他认为,在印度的整个历史中,这部作品一直都是可获得和受到讨论的,它已经成为印度次大陆的集体记忆或"政治惯习"的一部分。这让它在印度国际关系学思想中的地位,类似于修昔底德、霍布斯和马基雅维利在西方,孔子和孙子在中国,伊本·赫勒敦在伊斯兰世界享有的地位。

阿育王的达摩

如果说考底利耶代表了古代现实主义和理性主义的巅峰,那么阿育王则是古印度理想主义和以德治国方略的典范。阿育王是孔雀王朝的第三位统治者。

在他统治的后期,他皈依了佛教,这是一种主要关注个人的宗教,缺乏政治意义上的国家或世界秩序的理论（Braudel, 1994 [1987]: 222-224）。但阿育王在公元前269—前232年统治期间留下了实践上的遗产。约公元前261年,卡林加之战（Kalinga War）造成10万人死亡,15万人被俘,此后,他皈依了佛教,再也没有发动战争。相反,他追求道德征服和人道主

---

* 原书写作Sbrata K. Mitra,拼写有误。——译者

义，即所谓的"达摩"（巴利语为 *Dhamma*），或虔诚之法（Law of Piety）或正义。它象征着"一种对所有人的普遍情感——一种不限于战争的人道主义早期形式"（Draper, 1995）。在一个正义的关系网络中，"没有人在它的范围之外，即使是阿育王或皇后也不例外：审查人员被任命，以确保虔诚之法得到遵守，即使是在皇宫中皇后的住所。虔诚之法是一种道德法律、一种帝国法律、一种管理对外关系的法律和一种生活方式"（Draper, 1995）。

阿育王在佛教文献中被称为"轮转圣王"（*chakravartin*）。罗米拉·塔帕尔（Romila Thapar, 2012: 184）指出，梵语词汇"轮转圣王"[5]意味着"一个具有普遍性的皇帝，其领土包括整个南赡部洲（Jambudvipa）。他的统治是公正的，其治下是繁荣的。他是一个如此有德行的国王，因此他被认为拥有神的力量"。"南赡部洲"是印度的一个古老的名字，它把整个国家构想成一个岛屿或"四大部洲"（dvipa）。通过征服（一种现实主义的方法）建立帝国和通过美德进行统治之间似乎存在冲突。许多中国皇帝在坚持以武力扩张领土的同时，也声称要以德治国。但就阿育王而言，只有在他的帝国稳固建立之后，他才放弃了进一步的征服。没有记录表明在他统治期间再度发生战争。然而，他也没有放弃已经征服的领土。塔帕尔（Thapar, 2012: 184）相信，"轮转圣王"这个术语可能更早就存在，它只在孔雀王朝时期特别是在阿

---

5 这个单词的一半为"chakra"，译作"圆圈"，而另一半"vartin"的意思是"逗留"。因此，该词整体上是指一个人停留在圆圈内。这个圆圈象征着毗湿奴的圆盘，毗湿奴是印度教万神殿中三大主神之一，其功能是维持世界秩序（另外两个是创造之神梵天和毁灭之神湿婆）。

育王统治时期得到充分发展。无论如何，这一术语意味着权威的基础是强力和权利的结合。在古印度，这个头衔被谨慎地用来指代那些代表着所期望的最高原则的君主。这可能包括军事征服的能力，但也包括非暴力的权威。

达摩说是从阿育王的众多铭文（Dhammika, 1993）及实践中辨别出来的。其中，有三个方面值得注意。首先是统治者和臣民之间的关系。阿育王的铭文中写道："所有人都是我的孩子。和对自己的孩子一样，我希望所有人今生来世都能获得福祉。"第二个方面是与邻国的关系，如另一篇铭文所述："边界之外未被征服领土上的人可能会想：'国王对我们有什么意图？'我唯一的目的是让他们在生活中不惧怕我，他们可以信任我，我可以给他们幸福，而不是悲伤"（Dhammika, 1993）。第三，阿育王的观点也享有古代人权学说的美誉。根据另一篇铭文，"虽然完全守法，但一些人被监禁，受到严厉对待，甚至无缘无故地被杀害，以至于许多人遭受痛苦……该城的法官可能会努力履行职责，进而他们手下的人可能不会遭受不公正的监禁或严厉对待"（Dhammika, 1993）。这些刻在石碑上的虔诚宣言和阿育王国家的实践之间存在着一些差距。虽然他在残酷击败卡林加之后没有发动战争，但他也没有释放卡林加人。

本体论和认识论

现代政治学和国际关系学的学者对认识论问题，特别是对科学/理性主义 vs 反思或"经典"方法的相对重要性深感关切，并对此产生分歧。这些问题根植于哲学之中，包括科学哲学。在西方，印度通常被视为古典东方知识的缩影，它强调依赖于神秘主义和神的因果关系。然而，有充足的证据表明，在印度的政治和哲学传统中世俗、世俗主义与理性主义的存在。印度教吠陀哲学的某些方面将因果关系归因于自然力量，如火（Agni，阿耆尼）、空气（Vayu，伐由）和水（Varuna，伐路拿，海洋之神），尽管这些都被当作神来崇拜。曾接受哲学家训练并在牛津大学担任教授，后来成为印度独立后第二任总统的S.拉达克里希南（S. Radhakrishnan）提出，"宗教、科学和人文主义在古印度是姐妹；在希腊是盟友"（Radhakrishnan, 1940: 294）。在某种程度上，自然和神圣是深深交织在一起的，将古代印度哲学视为纯粹不科学的或"来世的"是不合逻辑的。例如，数论派（Samkhya）是印度哲学的主要流派之一，起源于吠陀时期，可能在公元前9—前8世纪左右成为一种独特的哲学，"用进化代替创造，与宇宙的神圣起源和超自然宗教的信条相矛盾"；它"本质上是理性的、反有神论的和理智的"，它的"主要关注点是通过感性认知来解释自然的运作"（Singhal, 1993: 159; 也可参见Larson, 1998）。数论派认为，世界的元素，如土、水、火和空气，是"永恒的"，"世界的方向是由世界本身所带来的"（Singhal, 1993: 157）。

总而言之，像许多古代文明一样，印度文明是理性与启示、科学与迷信、现世与来世的混合体。至少，这些不同的传统自古以来就在印度共存，挑战着用纯粹科学的方法对国际进行研究的观念。帕特里克·撒迪厄斯·杰克逊（Patrick Thaddeus Jackson, 2010: 193）认为，国际关系学不应该被视为一门牛顿式的科学。尽管各种严格来说不属于自然科学的现象可以容纳在国际关系学

的认识论中，但是当他宣称国际关系学只能处理现世而不是"来世的现象"时，他划了一条界线。⁶

但划这条界线是有问题的。有一项新兴的研究（Bain, 2020）关注中世纪基督教信仰与现代国际秩序观念演变之间的联系。伊斯兰教中有关世界永恒的教义是对早期亚里士多德学说的复兴和扩展，后者对神创论提出挑战。该教义被用来论证国际秩序形成中世俗的、有目的的人类施动性。我们至少可以为印度做同样的事情，因为古代世界中有关万物的自然和神的因果关系的辩论，在印度体现得最为明显。这挑战了对印度的刻板印象，即它是神秘的或来世的，在那里所有的东西都来自神。在印度，考底利耶的世俗治国思想，数论派哲学的反神性认知，甚至阿育王的道德（而非宗教）的达摩说（没有提及神或佛陀，尽管他是佛教信徒），都有力地证明了印度在罗马人和几乎同时代的希腊人之前，提供了一种世界秩序的世俗观。

印度的史诗之一《摩诃婆罗多》提供了古代印度的治国方略、外交、联盟和谈判的线索（Narlikar and Narlikar, 2014; Datta-Ray, 2015）。它的情节围绕着正直善良的般度（Pandava）兄弟和他们的持国（Kauravas）堂亲们之间的较量，后者的贪婪远远超过了他们的正义感。般度五兄弟是哈斯蒂纳普尔（Hastinapura）王位的合法继承人，他们被持国骗去流放，持国有一百个兄弟，由肆无忌惮的大哥难敌（Duryodhana）领导。在流放结束后，般

---

6 杰克逊（Jackson, 2010: 193）认为，科学知识有三个不可或缺的"组成部分"：它必须是系统的，必须能够接受（并假定能够成功地应对）公众的批评，以及"它必须旨在生产世俗知识"。

度兄弟回来争夺王位，但被拒绝了。战争接踵而来，并以持国的彻底失败而告终。是什么导致了摩诃婆罗多战争？（Acharya, 2011）。为了找到答案，我们可以参考《摩诃婆罗多》中包含700颂的部分，也就是印度教的"圣经"《薄伽梵歌》。就在战斗开始前，般度兄弟中领头的战士阿朱那（Arjuna）临阵退缩，因为他害怕杀死自己的亲人——持国，而不想战斗。但是他的战车车夫，毗湿奴神的化身奎师那（Krishna）告诉他：

- 你应该去战斗，因为你的理由是你的家族被持国（在一场博弈中）骗走了王国。
- 如果你不与敌人战斗，他们将羞辱你并征服你。如果你被证明是一个从战场上撤退的懦夫，你的敌人会说你很软弱。
- 如果你战斗并获胜，你将获得个人荣誉和地位。你将被认为是一个强大的战士和征服者，你的荣誉和地位将上升。
- 如果你战斗并获胜，你将获得主权和领土。
- 为什么担心杀死自己的亲人？杀戮没有任何意义。灵魂才是不朽的。灵魂不会死去。

在以上五个原因中，有四个是非常理性的。它们揭示了利己主义的动机，包括复仇、荣誉、独立和获得领土。甚至正义作为一种动机也与复仇联系在一起，因为阿朱那的家庭被剥夺了对权力的合法要求。我们可以把这些动机都归为理性的和自利的。

这是关于战争起因的著作中所写的，人们可以在当代任何关于战争与和平的讨论中找到它们。第五个则在那里找不到。那么第五个原因呢？即认为阿朱那没有必要担心战斗与杀死他的亲属，因为他们的灵魂是不朽的？灵魂是可见的和可证明的吗？难道这意味着国际关系学必须否定《摩诃婆罗多》，把它作为一篇没有理性要素的文本吗？大多数文明结合了现世与来世。西方没有垄断理性，东方也没有垄断神秘主义。柏拉图和毕达哥拉斯相信灵魂，就像《摩诃婆罗多》中的神话人物所做的那样。

而作为认识论和本体论的贡献，最早关于国家起源的社会契约理论也来自佛教（Thapar, 2002: 149-150）。它包括和谐、腐朽、满足私有财产基本需求的竞争、纠纷、法律需求和控制权力的原始状态。当选的权威（大平等王*［Great Elect］）进行统治和维护正义（Thapar, 2002: 149-150）。佛教哲学也重视因果关系和变化。空的学说（空性［*Sunyata*］）和"缘起依赖"（dependent origination，源自 2 世纪印度佛教哲学家龙树）告诉我们，没有什么东西是永恒的，或者任何被认为是真实的东西都不是绝对的或永久的，而是相对的、有条件的、不断发展的。因此，"因果关系意味着偶然性和依赖性，而任何固有存在的事物都是不变的和自我封闭的"（Nagao, 1991: 174-175）。这结合了理性和关系，并引发了与当今建构主义国际关系学理论（Wendt, 1992）的比较，该理论认为，和平、战争、无政府状态等情况不是永久的或既定的，而是随时间推移而变化的。

---

* 佛教术语，梵文为 Mahasammata，译曰大等意，即大平等王也，音译为"摩诃三末多"。——译者

实践

在印度国际关系学可能借鉴的相关实践中,有两点是突出的:一是印度帝国之前的政治形式——列国(*Mahajanapadas*),二是印度文化在东亚和东南亚的和平传播。

列国

古印度政治秩序的结构和世界观与中国不同,它不是从像商朝那样的单一朝代或像周朝那样显要的朝代开始的,而是始自一众小的独立政体(列国)。[7] 约公元前 600 年,这里存在 16 个大国。它们是迦尸(Kasi)、乔萨罗(Kosala)、鸯伽(Anga)、摩揭陀、跋祇(Vajji)、末罗(Malla)、车底(Chedi)、跋沙(Vatsa)、俱卢(Kuru)、般遮罗(Panchala)、摩差(Machcha)、苏罗婆(Surasena)、阿湿波(Assaka)、阿般提(Avanti)、犍陀罗(Gandhara)和甘蒲阇(Kamboja)。这些大国在孔雀王朝之前持续了三个多世纪,与中国著名的战国时期(公元前 475—前 221 年)同时代。它们是印度城市和高级文化(high culture)复兴的温床。

其中一些政体有世袭统治者,而另一些政体则有被称为"部落联盟"(Ganasangha,字面意思是"人民的集会")的共和

---

[7] 大国(Mahajanapada)这个词有三个要素:"*maha*"意为"大","*jana*"指"人"。在梵语中,"*pada*"的字面意思是"脚",它可以被解释为地方或领域。因此,大国的意思是大的领域。它们是稍小的领域或者简单地说是小国(*janapada*)在规模和力量上的扩大。小国出现之前,来自中亚的印度-雅利安游牧部落定居下来,开始了以农业为基础的更为稳定的生活方式,并发展了小型城市中心。经过一段时间的征服或稍小政体间的自愿兼并后,列国时代就到来了。

统治形式。跋衹联盟、末罗、俱卢、般遮罗和甘蒲阇等政体都不是民主的，而是拒绝吠陀理想和婆罗门仪式的以宗族为基础的寡头政体。一些不同的哲学和宗教体系，包括耆那教和佛教，是由来自共和政体的创始人创立的。这些部落联盟唤起了一种"无政府的"国家间体系的观念，并被与希腊城邦的"共和"结构（Altekar, 2001: 113）及罗马共和国（Basham, 2004: 97）进行比较，因为它允许比传统君主制更多的人民参与。一些（但不是所有的）希腊城邦比部落联盟允许更直接的公民参与，尽管如此，部落联盟还是通过一个集会来运作，由那里（联盟之内）的家族或宗族首领开会来做决策："要讨论的问题被提交给集会并进行辩论，如果无法达成一致决定，就将其付诸表决"（Thapar, 2002: 148）。

古印度的国家体系只能被描述为"无政府的"，因为许多敌对国家"每个都有机会凌驾于其他国家之上"。因此，考底利耶的《政事论》描述的并非孔雀王朝的状态，而是描述了它临近的前一个时期，即孔雀王朝出现之前的列国时代。就像中国的战国时期（下一章会详细介绍）一样，列国时代因此奠定了印度版现实主义的实践基础。此外，在孔雀王朝统治之后，共和国家继续共存，至少持续到笈多帝国。一些历史学家声称，这些体系存在于印度大部分地区，包括南部（Sastri, 1967: 173）。这在印度历史上绝非例外："在印度历史的大多数时期，相比于大帝国完全主宰政治舞台的相当特殊的阶段，各种较小的敌对王国的共存更为典型"（Kulke and Rothermund, 1986: 63）。

这些印度国家之间的关系以战争、结盟和外交为主导。一些记录表明，共和国之间存在敌对关系，甚至"一种永久的战争状态"（Sharma, 1996: 122）。一个大国可以通过合并一些较小的小国来创建，要么通过其中较强的小国的征服，要么通过自愿的联盟（如跋祇联盟）。兼并是通过"征服和侵占"实现的，而且两个最强大的国家摩揭陀和乔萨罗为争夺主导权而展开两极斗争（Kosambi, 1975: 154-155），两者都试图吞并较小的部落国家。虽然根据现存的印度历史记载无法进行准确概括，也不能和同时期的中国战国体系进行对比，但彼时确实存在强者征服和兼并弱者的趋势。因此，公元前322年，也就是秦朝统一中国之前的一个世纪，大部分的大国政体被摩揭陀征服和兼并，孔雀王朝建立了印度第一个普遍帝国。在当代国际关系学的词汇中，孔雀帝国标志着印度从无政府状态到普遍帝国的过渡。因此，印度可能是波斯以东的首个亚洲帝国。孔雀帝国可能与古代最大的阿契美尼德王朝时期的波斯帝国有相似之处（McNeill, 1965: 331-332），后者是古代世界最大的帝国，与孔雀帝国接壤（阿契美尼德王朝治下的波斯帝国认为西印度是波斯帝国的一部分）。

因此，在次大陆的国际关系中，印度像古代和古典世界的大多数其他文明一样，演变出一种在无政府状态和帝国之间摇摆的国际体系。在印度，这种平衡更倾向于将无政府状态作为常态，而将帝国作为周期性的例外。但印度也发展了自己独特的实践和制度，包括统治者管理帝国的和平方式，但更重要的是，它传播文化的方式在很大程度上脱离了帝国和强制。

印度文化的和平传播

尽管除了阿育王的"达摩"这个可能的例外，印度国际关系学思想中并没有太多软实力的观念，但在印度的实践中确实有一个很好的例子。因此，这是印度国际关系学思想的一个可用资源。印度通过欧亚和海上丝绸之路进行陆上和海上贸易。印度的海洋维度与它位于印度洋贸易网络北部中点位置相一致，该网络将东非、地中海、红海、阿拉伯半岛、波斯，与东南亚、以中国为中心的东亚地区联结在一起。这一角色和位置为印度思想的传播，特别是向东北亚和东南亚的传播奠定了基础。佛教从印度传播到世界各地，在东北亚和东南亚都产生了重要影响。它主要是沿着陆上贸易路线和平传播的。在较小程度上，印度教做了同样的事情，但这两种宗教经常并行，且在实践中融合。比如在柬埔寨、印度尼西亚、泰国、中国和日本，佛教和印度教的神灵在同一寺庙里被供奉。的确，就像路易斯·施耐德（Louis Schneider, 1970: 75-77）令人印象深刻的描述，佛教是"印度教的出口形式"。

如前所述，印度在欧亚贸易体系中处于中心位置，它也许是历史上和平传播观念的最佳案例。人们可以将西地中海和西亚的"希腊化"（希腊观念和制度的传播）与一些历史学家所称的东南亚、中亚和东北亚（中国、韩国、日本）的"印度化"（包括印度教徒-佛教徒在内的印度宗教和政治观念与制度的传播）进行比较。希腊化的特点是征服（亚历山大在埃及和亚洲所为）或土著民族（西西里岛的希腊城邦）的迁移。印度化在很大程度上是和平完成的，没有这种迁移。希腊化是由希腊人进行的，使希腊定居者受益，是为希腊人服务的，由希腊人推动，是希腊人的事务。印度化则是地方社会和统治者自愿主动进行的。它使地方统治者受益并合法化，促进了地方社会的发展。它是为地方社会服务的，由地方社会推动，是地方社会的事务。希腊化通常意味着将希腊文化、观念和制度强加于人。印度化则通常意味着地方社会根据自身先前的信仰、实践和需求，选择性地适应（而不是全盘接受）印度文化、观念和制度。

印度教和佛教的传播不仅仅是文化观念的输出。它也与政治理念有关。印度教-佛教的宇宙观，包括将统治者与湿婆、毗湿奴这样的神相等同，被东南亚的统治者用来在他们的臣民面前使自己合法化，并增强他们的权威。在中国，唐朝皇帝武则天（中国唯一的女皇帝）利用佛教宇宙论来巩固自己的统治。像《政事论》和《摩奴法典》这样的印度文献在东南亚被用来建立它们的法律和政治秩序。例如，斯普鲁伊特（Spruyt, 2020: 253-325）记录了印度教、佛教和曼陀罗政治原则在大部分东南亚文化中的广泛影响。探寻印度化对接受国社会的影响是否比希腊化更持久将是一个有趣的研究课题（关于比较希腊化和印度化的初步尝试，见 Acharya, 2012: 60-70），但我们有必要提醒自己，布罗代尔（Braudel, 2001: 283）曾把希腊化在"东方土壤"中的影响描述为"不超过一层，一个不合适的面具"。

虽然印度艺术、文化和政治思想的传播在笈多帝国时期达到顶峰，并因 10 世纪伊斯兰入侵者入侵北印度而受到严重破坏，但印度教-佛教思想及其输出在南部继续蓬勃发展，10—13 世纪的地区强国如朱罗帝国及之后的毗奢耶那伽罗帝国是其中的先锋。朱罗帝国在海上的地位对印度来说是不同寻常的，它的影响从东海岸的本土延伸到斯里兰卡，穿过孟加拉湾进入东南亚。虽然朱罗人没有提供任何重要的新政治观念，但他们的帝国扩张主义模式打破了印度观念在东南亚和平传播的模式。朱罗帝国被认为对室利佛逝王国的毁灭负有责任，是印度观念普遍以和平的方式并主要通过商业传播中的一个特例。

小结

如果国际关系学是在印度发展出来的，它必定会借鉴这些经典的理论和实践资源。在这种情况下，它可能会沿着与现代西方国际关系学理论相似的路线发展。它的主要焦点应该是国家体系，从现实主义/理想主义的二元结构出发。这种区分不是西方的，而是在许多文明中发现的并置观点的一种普遍方式：例如，中国的儒家与法家；伊斯兰教的苏菲派和瓦哈比派。此外，新兴的印度国际关系学所采纳的实践来源还可能是：观念的和平传播或软实力。然而，人们必须谨慎对待支撑国际关系学路径的"国家"的性质。它肯定不会是威斯特伐利亚式的，也不会是中国朝贡体系式的。如前所述，在孔雀王朝之前，印度有林立的城邦（列国），就像中国在秦朝之前有战国一样。一个看似合理的例子是，如果国际关系学是在印度或中国发明出来的，那么不同形式的等级制，而不是无政府状态，将是国际关系学理论的主要关注点。但印度的国际关系学可能比中国的更多元，可能更类似于威斯特伐利亚之前的欧洲。现实主义而不是理想主义应该是对应物，因为佛教和耆那教的理想强调非暴力，在某种程度上早于考底利耶的现实政治，类似于周的天下概念，早于法家的现实政治，这将在下一章讨论。

诞生于印度的国际关系学是否会淡化或突出世界秩序的文化方面是一个有趣的问题。欧洲也有传播观念的重要历史，尤其是基督教、民族主义、种族主义和自由主义，尽管这些通常是在刀尖下传播的。但西方国际关系学理论并没有突出这一要素，它更关注国家间而非文化间的关系。在这方面，印度和欧洲也有一个重要区别：欧洲人输出了自身文化中占主导地位的观念，而印度最大的成功是佛教，而它在更广泛的印度教范围内和后来南亚海域的伊斯兰教范围内却相当边缘化。印度佛教输出的黄金时代或古典时代发生在佛教本身在印度内部是一个重要且广布的宗教时期。此外，印度教和佛教的混合是司空见惯的。以东南亚为例，在15世纪之前，几乎没有纯粹的印度教国家或佛教国家，但主要是印度教-佛教国家。在柬埔寨，统治者在军事受挫后会在这两种宗教之间转换。因此，印度教是印度观念输出的重要组成部分。然而，在13世纪伊斯兰苏丹国占领德里后，作为政治力量的印度教和作为文化力量的佛教，在印度都受到了严重削弱。

印度和中国的文化间关系可能比国家间关系更多，但这需要加以限定。欧洲人经常用宗教来为征服、联盟，尤其是帝国主义行为进行辩护，从教宗的祝福到西班牙、葡萄牙传教士伴随或密切追随殖民征服的殖民航行，宗教皈依成为帝国治理和控制的主要模式。[8]印度或中国的神学历史没有显示出任何类似于教宗

---

8 正如尼尔·弗格森（Niall Ferguson, 2011: 142）所指出的，"在［欧洲］帝国建立的过程中，［基督教］传教士几乎与商人、军人一样重要"。

亚历山大六世在西班牙（得到美洲）和葡萄牙（得到非洲和亚洲）之间强力划分世界，并在1494年的《托德西利亚斯条约》中正式确立这种划分的内容。印度和中国更多地将宗教用于国内象征性的合法化，而不是作为征服的借口。与基督教、伊斯兰教不同，印度教不是一个让人改变信仰的宗教，因此它不会把宗教作为征服的基础。

尽管有过度简化的风险，但在东方，佛教和印度教的文化和政治思想不是通过武力强加的，甚至也不是通过激进的改变宗教信仰（很少有例外），而是通过自愿的文化适应传播的。所以，当西方和东方同时实践国家间和文化间的关系时，欧洲人更多的是通过武力或征服（从亚历山大的希腊化到殖民时期）来做到这一点。印度和中国则更多地是通过自愿融入来实现的；它们的观念主要是借鉴而不是强加。这种做法之所以奏效，部分原因在于印度和中国在周边地区的声望，但也因为印度教有禁止改宗的宗教禁令，以及佛教（它的重要帝王信徒阿育王最早从印度输出佛教，他后来成为一名和平主义者）的非暴力精神传统。

这种国际关系学的文化间路径可能也包含在梵文短语"四海一家"（vasudhaiva kutumbakam）中，这意味着整个世界是一个大家庭。这种思考国际关系学的文化方式在印度的延续性就像考底利耶的现实主义集体记忆或"政治惯习"一样，被很好地传承至今，依然活跃。其中一个例子是印度作家兼活动家罗宾德拉纳特·泰戈尔（Rabindranath Tagore, 1918），他深切关注不仅在印度，而且在整个亚洲都存在的传统文化与现代性、西方力量之间的遭遇。他的观点或许提供了一些有用的启示，让我们认识到印度和中国在构建自身和面对世界的方式上有差异。泰戈尔认为"种族"是印度永恒的历史问题，他指的是不同的民族和文化如何在印度次大陆上和平共处。在他看来，印度通过融合文化和精神观念，包括至高无上的种姓制度，成功地解决了这一问题。他认为西方现代性及其对同质化民族国家的推进，威胁着这种介于世界主义和民族主义之间的文化空间。泰戈尔认为欧洲的发展（以及日本与日俱增的发展）把个人主义置于共同体之前，为追求财富和权力而进行无情的竞争性政治和军事的国家动员。他把西方的国家概念看作"整个民族作为一个有组织的力量的一面"（Tagore, 1918: 79）。他把这种意义上的民族主义视为对印度乃至整个亚洲的严重威胁，并主张泛亚的抵抗。这种将印度视为一组由共同文明联系在一起，在文化上有所不同的民族的观念，看起来更像是欧洲从前的"基督教世界"或"大欧洲共和国"的自我理解，与中国更加同质化的汉文明形成鲜明对比。

其他现代印度民族主义领导人，如甘地和尼赫鲁，继续坚持印度的世界主义传统。尽管他们有坚定的反殖民立场，但两位领导人都拒绝狭隘的民族主义。甘地在南非的反种族歧视运动经历，对他后来在印度反英运动中的国际主义观点的形成有着持久影响。此外，印度传播观念的传统方式可以从这些领导人对待意识形态的方式中看出来。后来成为印度第一任总理的尼赫鲁，利用自己的职权实践了更加积极的国际主义，推广了"和平共处"的理念和实践，这尤其体现在他在泛亚主义、1955年万隆亚非会议和不结盟运动中发挥的领导作用上。

第四章　中国

引言

就像印度一样,中国及所有的农业文明都徘徊于帝国和分裂之间。但与印度相比,中国发展出了一种等级更森严的政治和国家间体系。尽管印度有考底利耶这样的普遍帝国的倡导者,但它从未像中国那样在理论和实践上沉湎于等级制和统一。中国的社会秩序原则虽然植根于家庭,但它与印度教的大部分社会秩序和政治秩序形成了对比。在中国,总是有这样一种假设,即当一个现存的朝代变得过于虚弱,无法维持统一时,一个新的朝代就会出现,它宣称获得天命(Mandate of Heaven),将这个国家从一段时期的分裂中重新整合起来。

直到19世纪,中国与欧亚大陆其他定居文明的联系都相对较少,因此在它漫长的历史中能够发展并维持独特的世界秩序理论与实践达千年之久。中国和欧洲处于欧亚体系的两端,这使得它们与其他主要的文明中心相对分离。古希腊和古罗马与中东其他文明有着密切联系,而这些文明又与南亚有着直接联系。中世纪的欧洲是一潭文明死水,尽管它深受数个世纪以来作为罗马帝国一部分的影响。在罗马-基督教遗产的基础上,欧洲从8

世纪开始与伊斯兰文明展开了一场漫长而具有决定性的军事遭遇。然而，中国仅通过丝绸之路与欧亚其他文明进行远距离的中继贸易和文化联系。几个世纪以来，佛教的传播有效地渗透到中国。但是在贸易和商业方面，除了15世纪早期郑和的航行，很少有中国船只驶出南海。贸易主要由外国船只进行，到9世纪，来自税务记录的证据表明，超过10万穆斯林、基督徒、犹太人和波斯人居住在广州的商业定居点（Chaudhuri, 1985: 51; Jacq-Hergoualc'h, 2002: 265）。丝绸之路上主要是中继贸易，货物通过许多当地的通商点流通。中国的地方性军事挑战主要来自北方的游牧者，中原人认为游牧的草原民族在文化上是低等的，尽管在军事上他们经常击败中原王朝。

公元前221年大一统之前，中国与外界的接触并不多，主要是作为一个自成一体的世界秩序而演变，在不同程度的统一和分裂之间波动。中国古代关于世界秩序的许多思想，包括法家思想和儒家思想，都是在这个时期形成的，当时中国本身分裂为多个诸侯国，而且经常处于交战状态。公元前221年以后，统一成为中国的核心主题，尽管这一过程会不时被草原民族的入侵所打断，有时也会出现一个朝代衰落、另一个朝代崛起或多个朝代同时存在的漫长分裂过渡期。与欧亚大陆其他地区一样，中国的中原地区也经常被草原王朝统治，它们主要来自中国北方，而操突厥语系的王朝多统治南亚和西亚。

统一后，中国也不同程度地与周边更广阔的世界接触，到了汉朝，丝绸之路成为横跨欧亚大陆的思想、货物和疾病的传播带。因此，在大一统之后，中国成为世界秩序的参与者，这种秩序超越了中国本身；有时又会暂时退回到一个独立的支离破碎的体系（最近一次是在1911年至1949年间，当时中国处于军阀统治和内战时期）。如果我们把中国关于世界秩序的历史和政治理论与欧洲的进行比较，会发现它们几乎是反向的。在中国，统一的原则从早期开始就在规范上占主导地位，尽管在实践中，这一体系遭遇了周期性的崩溃和分裂。在欧洲，统一的原则虽然一直存在，但在规范上相对较弱，尽管它背后有令人信服和钦佩的罗马图景。各个政治派别和王朝可能都渴望将欧洲大陆置于自己的统治之下，但无论是在实践中还是在理论上，对独立和自治的渴望都足够强烈，进而阻止了那种结果的出现。均势的观念取得了胜利，而建立一个持久的欧洲帝国的尝试却没有成功。[1]

当试图理解中国/儒家的世界秩序观时，必须记住中国作为一个国际体系和文明本身，以及更广泛国际体系中的参与者的二元性。爱德华·勒特韦克（Edward Luttwak, 2012: 260）从战略角度相当重视这种二元性，他看到中国存在：

> 一种根深蒂固的战略文化，既具有智力上的诱惑力，又是真正功能失调的。它的有害后果在汉族人的历史经历中留下了深刻烙印，他们通过辛勤的劳动和高超的技能从土地和水域中创造财富与文化，但在与非汉族人的关系上

---

[1] 在欧洲，对抗霸权的均势的运作主要是理查德·利特尔（Richard Little, 2006, 2007）所称的对抗性的（adversarial），它由国家和帝国对威胁其独立的反应所驱动。直到19世纪，联合的（associational）制衡才出现，此时均势成为一种普遍接受的原则和一种国际社会的制度。

却异常自闭，因此无论是通过外交还是武力，他们在与后者的竞争中都失败了。这种文化也根本不适用于在正式的平等国家之间顺畅地处理国家间关系，这与以中国为中心的朝贡体系的管理形成鲜明对比。

中国与其他定居农耕文明在军事和政治上缺少直接接触，自成一体，这或许在某种程度上能够解释中国关于世界秩序、国际关系思想和实践的与众不同的形式与特征。西方的思想和实践最终朝着主权、领土权、国际无政府状态、战争和国际社会方向移动，而中国的理论和实践则趋向等级制、天下和天命，并且这些结合在一起形成了朝贡关系体系。在中国的体系中，战争、外交和贸易都体现了与印度或西方截然不同的实践和理解。现在被称作"软实力"的东西在中国体系中发挥了比在印度更大、更具政治性的作用，印度文化和宗教的传播在很大程度上与国家相分离。人们普遍注意到，中国与其东边（朝鲜和日本）和南边（越南）的文明近邻关系相对和平，其文化的传播更多是通过接受而不是强加（Kang, 2010; Katzenstein, 2010: 34-35）。即便如此，中原王朝与北方游牧民族交战频繁（Kang, 2010: 112），在王朝过渡时期，其内部政治周期性地陷入广泛的暴力和权力政治。例如，许田波（Victoria Tin-bor Hui, 2005）生动地讲述了秦朝统治下大一统中国残酷的权力政治的故事，中国历史包含许多朝代之间动荡和暴力的过渡。大沼保昭（Yasuaki Onuma, 2000: 11-18）认为，中国坚持其高于所有其他国家的地位主张阻碍了国际法思想在中国范围内的出现，即便这种主张不总是得到实行。中国宣称自己是"中央王国",这既是一种文化优越感,也是一种物质优越感,而且西方的大国、帝国和宗主国等概念往往并不适用于中国的实践与思想。

思想

尤锐（Yuri Pines, 2012: 1-43, 162-170）认为,中国历史产生了与现代西方不同的政治观和世界秩序观。他特别关注致使中国统一的战国时期（公元前453—前221年）的极端暴力经历,解释说这造成的创伤如此之大,以至于在中国文化中灌输了一种对权力分散或分权的持久性恐惧。战国时期,以及在此之前动荡的春秋时期（公元前771—前476年）,是中国哲学和政治理论的黄金时代,这些时代创伤驱使这些思想家中的许多人,最著名的是孔子,去探寻能够防止这种情况再度发生的安排和实践。因此,尽管西方最终选择了政治多元主义,包括国内（民主、分权）和国际（一个基于有限主权和领土权的无政府国际社会,以及一个由国家组成的国际社会）两方面,中国却做出了相反的选择。战国时期及中国历史上许多其他不统一时期的教训是,政治多元主义是残酷厮杀与混乱的罪魁祸首,而最终会有人能重新统一国家,承应天命统御万民。因此,在所有关系中实行等级制和维护国内统一是中国默认的政治偏好,而无政府的分权则是中国的噩梦。等级制是一种象征性的秩序体系。有时它和帝国离得近,特别是在中国内部,有时它存在于与越南和草原游牧民族的关系中。但在许多对外关系中,它允许过多的地方主权,以至于并不符合通常所理解的帝国概念。

当然,尤锐的解释是对一个复杂得多的现实的过度简化。中国的哲学和政治理论并非开始或结束于孔子,而是有非常深刻、丰富和多样的资源,受到佛教和道教的影响。值得注意的是,它包括法家思想,这是一个同样悠久的中国思想传统,与儒家思想并行且相互影响,与西方现实主义/权力政治有一些相似之处。法家主张强国与强权并重(Pines, 2018)。法家学说最初由商鞅提出,后来由韩非子发展,他们都是哲学家、政治家,法家学说虽关注国内统治,但对国家间关系和世界秩序也有明确的影响。它认为,统治者要征服或战胜敌人,治理"天下",就必须先控制自己的人民。法家最重要的著作《商君书》有言:"昔之能制天下者,必先制其民者也;能胜强敌者,必先胜其民者也。"实现这一目标的方法是通过严厉的法律,并辅以严酷的惩罚。"民弱国强,民强国弱。故有道之国,务在弱民"(引自 Pines, 2018)。

许田波(Hui, 2005)考察了战国时期为推翻均势体系而采取极端强国手段的残酷及其对第一次统一中国的秦朝(公元前221—前206年)的影响。秦朝是一个短暂的朝代,儒家和道家思想在中国的下一个主要朝代汉朝复兴,汉朝还将佛教引入中国,创造了政治和社会思想的多元性。尽管如此,秦朝的政治和行政遗产,尤其是中央集权的专业官僚机构,为中国政治体系强大和集中的统治创造了持久动力。韩非子认为一个国家需要有强大的领导人来维护法律(法治,而不是法制)。他曾说道:"国无常强,无常弱。奉法者强则国强,奉法者弱则国弱"(Buckley,

2014; Zha, 2020）。

就中国的世界秩序思想而言，将国内与国际区分开来的困难再次出现。领土权及相关的内与外的区别，比欧洲传统中的区别要模糊得多。在秦朝大一统前的几个世纪里，中国既拥有自己的国际体系，也拥有自己的文明，之后在一个包括其他非中原政体的更为广泛的国际体系中扮演统一的角色。但是中国有关世界秩序的思考中也包含具有普遍性的内容。中国/儒家的世界秩序观有三个独特和相互交织的组成部分：社会秩序凸显其强大的等级制意识；跨越时空的整体感（天下）；以及连接君民的天命观念。中国传统文化中还有另外两种观念影响了朝贡体系的运作：关系主义（relationalism）和面子（face）。幸运的是，当代中国的国际关系学者一直在努力复兴中国的古典国际关系学思想，并将其与当代（西方）国际关系学理论和当前的中国外交政策相联系（例如 Zhao, T., 2006, 2009, 2015; Qin, 2011, 2016, 2018; and Yan, 2011, 2019）。这五种观念结合在一起，形成了所谓的朝贡体系，界定了中央王国与中华文化圈之外的关系。

等级制

从等级制的角度思考社会关系是儒家文化极为突出的内在特征，这是一个很好的例子，它深深植根于根深蒂固的哲学传统之中（Braudel, 1994 [1987]: 178-179）。基本的儒家模式植根于等级制家庭结构，与许多传统农业文明中的家庭结构相似，在这种结构中，父亲、兄弟、儿子、妻子等处于彼此之间主/从的地位关系中，这些关系是由亲疏/远近调适的（Shih, 1990: 39-46;

Hwang, 2011: 109-110, 199）。这种等级制当然不是独有的。包括欧洲在内的大多数前现代农业社会，也都存在很强的阶级排序、父权制和王朝政治合法性。

一些文献能支持这样的观点，即这种思维模式仍然适用于现代外交政策术语，儒家文化更倾向于等级制和扈从，而不是主权平等和均势（Fairbank, 1968; Huntington, 1996; Kang, 2003, 2003-2004, 2005; Kissinger, 2011: 1-3; Harris, 2014: locs. 362-374. 有关评论，见 Acharya, 2003-2004）。传统上，东亚的儒家思想主要是基于一个根植于中心文化，或更准确地说是文明，而存在的等级制：中央王国是文化、政治和经济秩序之巅。物质权力当然与建立和维持等级关系相关，但并不是其主要基础（Zhang, Y., 2001; Suzuki, 2009: 34-55; Zhang, F., 2009, 2014; Zhang and Buzan, 2012）。西方和中国的学者都强调等级制在中国世界观中持续存在的重要性。斯图尔特·哈里斯（Stuart Harris, 2014: locs. 362-374, 1289）指出："基于各种原因，中国看待世界的方式与西方国家不同，但主要是因为儒家对等级制的信仰。"石之瑜（Chih-yu Shih, 1990: 118-122）认为中国仍处于儒家等级制关系主义的支配之下，未能发展出处理国家间关系的独立规范，这与勒特韦克的观点一致。在儒家思想中，社会和谐是以稳定的等级制为前提的。正如石之瑜（Shih, 1990: 40）所言："只要每个角色都按照角色要求行事，这个体系就是和谐的。"

杰克·格雷（Jack Gray, 2002: 18-19）很好地捕捉到了传统儒家维护社会秩序的方法：

这种文化的目的是在一个既不寻求，也不期待变革的农业社会中维持和平与稳定。在中国，社会和谐是公认的最高价值。中国人寻求实现这一价值的方法是通过施加等级组织的权威来控制冲突。

在这种表述中，等级制与和谐之间的联系几乎是绝对的。正如柯岚安（William Callahan, 2009）所指出的那样，儒家思想中和谐与等级制的不可分离，一定程度上影响着中国当前关于和谐的认识。中国官方外交政策辞令中有很多关于和谐关系和"共赢"的内容。中国似乎出奇地善于维持这样一种矛盾：一方面，中国对重新获得亚洲主导地位表现出明显的兴趣，另一方面，中国又热情地拥护威斯特伐利亚主权和不干涉原则（关于中国维持矛盾的能力，详见第六章）。

然而，等级制与帝国的联系，以及与之相关的恐惧，要通过中西方等级观念的差异来调和。西方的等级制概念往往与主导和攫取的关系相联系，这是西方帝国的典型特征。中国的等级制概念则根植于儒家的家庭关系，是更为互惠的。主导方有权要求从属方忠诚，但相应地也有明确的义务。因此，正如很多人所观察到的那样，朝贡体系往往不是一种攫取的体系，而是在物质上使从属方受益。儒家等级制中权利和义务的平衡，赋予这一概念在道德上和实践上与西方截然不同的形式，即等级制和帝国之间并不能画等号。朝贡体系当然是家长式的，但也可能介于帝国和霸权之间，并采取不同于欧亚大陆其他帝国的形式。相比之下，直到相当晚近，家长式的"教化使命"观念才在西方帝国主义中获得较大的吸引力：那些现代性和帝国主义的先锋要将殖民地人民提升至"文明标准"。

天下

天下概念可以追溯到中国的周朝（始于公元前 11 世纪）。它的字面意思是地球或天空下的所有土地。天下体系是由周朝设计的，周朝从商朝手中夺取了政权，但很快发现它被其他崛起的诸侯国包围，这些诸侯国在数量和物质上都占优势，包括被周朝取代的商朝（后裔）。因此，周朝的方法代表了一个"不寻常的体系性创新"，它不是依靠"武力统治"，而是合法化原则，例如天命（稍后讨论）和"一个网状的世界体系，将在所有国家之间建立相互依存的关系，并保证共享对网络中每个国家都有吸引力的商品和利益，从而阻止它们拒绝或背叛天下的世界体系"（Zhao, T., 2014: 128-129）。

天下已经被中国学者（尤其是 Zhao, T., 2006, 2009, 2015）用来理解当代世界秩序。按照这种观点，天下反对威斯特伐利亚模式，并将冲突和国家失败的问题归咎于此。相反，它认为最高的单位是"世界"，而不是"国家"。天下有效地将世界视为一个单一的政治空间，一个与西方国际关系学中领土权、边界、内/外的关注点相对立的愿景。正如赵汀阳所说，"天下概念意味着一个使世界成为政治主体的世界体系，一个以世界为整体政治单位的共在秩序"（Zhao, T., 2015: 2）。当天下与等级制相结合时，通过降低边界的意义，它使中国传统的世界秩序观有效地成为一种普遍的世界秩序观。基辛格（Kissinger, 2011: 357）指出，在中国传统的世界思想中,皇帝名义上统治天下,这种观点不允许在国内和国外之间(或者,用国际关系学的说法,内部/外部)有很大的区别。

此外,赵汀阳坚持天下在当代具有普遍的吸引力,"天下不是一个关于中国的特殊概念,而是一个关于世界的普遍概念"(Zhao, T., 2015: 2)。天下以"世界"而非民族国家作为国际关系的最高单位,"通过引入全球政治的维度"拓展了"国际政治"的概念(Zhao, T., 2015: 31)。虽然"周朝的天下体系已经远去……天下概念在今天变成了对世界未来的想象"(Zhao, T., 2015: 2)。他认为天下是对抗现代无政府状态失序的处方,"天下应该是通过关系理性、基于共在存在论建立的一个世界体系,关系理性与赋予个人利益最大化的个人理性相反,优先考虑的是互相伤害最小化而不是自身利益最大化……上天的公正意志凌驾于人类思想的偏好之上"(Zhao, T., 2014: 1-2;加着重号部分原文如此)。这种表述过于开放和模糊,与西方国际关系学的概念明显不一致。"共在存在论"似乎排除了世界政府和普遍帝国。这或许更符合英国学派的社会连带主义国际社会的理念(即建立在合作的逻辑之上,而不仅仅是共存),但英国学派并没有其自上而下的元素——"天意"。

中国成为法律上与其他国家平等的现代主权国家,使之失去了在天下体系中的中央王国的重要地位。对处于当代世界的中国而言,天下是一个棘手的概念。它可以作为一种理想主义框架,用于思考人类和整个地球的问题。例如,它可能是将全球共同威胁(如气候变化、流行病和恐怖主义)框架化的一种方式。

但是，就它与等级制相联系的程度而言，它对已被广泛且深入接受的威斯特伐利亚国际体系/社会的领土主权平等原则构成了根本性的威胁。因此，它被批评为具有政治动机，为中国统治精英提供理论依据（Zhao, S., 2017）。然而，它可能为如何看待国际体系/社会和世界秩序的原则开辟一个新的视角。

天命

天命也是周朝（公元前1026—前256年）*的一个概念。统治者，也就是天子，从上天（天，是周的主神）获得统治权。如果统治者不明智、不公正，忽视人民的福祉，天就会以自然灾害、日食或农民起义的形式来警告他们。如果统治者不改变他的方式，天就会收回天命和他的统治权。因此，天命可以被理解为一种合法性的表现。周朝的建立者周武王用天命来证明推翻商朝最后一个统治者帝辛是正当的。天命是一把双刃剑。统治者可以用它来镇压任何违背天意的叛乱。但它也可以被作为反抗统治者，称其残忍和不公正的一种说辞。如果叛乱成功，那就可以作为统治者失去天命的证据。无论哪一方成功，都可以获得天命。尤锐（Pines, 2012: 134-140）敏锐地观察到，天命允许叛乱，但不允许革命。叛乱的目的是取代失去天命的领导者，而不是取代体系本身。领导者的角色对于整个"和谐-等级"的双向公式至关重要。作为对追随者的尊重和服从的回报，领导者必须表现出"仁"（关心、善良、宽恕、爱、智慧、道德纯洁和领导力），并

---

* 原文如此，应为公元前1046—前256年。——译者

成为"崇高道德精神的明确象征"。虽然等级制禁止革命,但它允许推翻不再展示出"仁"的领导者,并将这样的推翻视为回归正常（Shih, 1990: 40-41, 57）。

我们或许可以从天命的角度来理解中国国际关系学一流的现实主义理论家阎学通的作品（2011, 2019）。特别是在他2019年的书中,阎学通多次强调领导力是大国的关键因素。这一点不仅适用于既有的大国,而且更契合崛起中的大国。阎学通从中国古典政治理论和实践中重新发现"王道"（the kingly way）和"王权"（humane authority）的思想。这些观点与石之瑜（1990）关于"仁"对整个"和谐－等级"公式重要性的讨论产生了共鸣。与柏拉图的哲学王相呼应,明智和仁慈的领袖成为调和等级制、天下和天命之间矛盾的关键,甚至在现代可能也是如此。

认识论－关系性

中国古典政治思想可能比印度的更世俗,尽管如我们所见,印度的考底利耶和数论派有着强大的世俗传统。也许中国古典认识论最独特的方面是中庸辩证法,这一点被秦亚青引入国际关系理论（2018）。与黑格尔的正题和反题到合题的概念不同,中国辩证法的两极是矛盾的而非冲突的,并且从一开始就是相互包容的。这个主题基于中国哲学中著名的阴阳符号:阴和阳是互补和共同演化的过程,其中一个元素包含着另外一个,它们之间的平衡会根据环境变化而变化（见图4.1）。

图 4.1 中国中庸辩证法中的阴和阳

黑格尔辩证法的出发点是解决矛盾,从一个新的位置重新出发。中庸辩证法的重点是应对那些被视为永久性的矛盾。在矛盾中求和谐是中国辩证法的本质。秦亚青借鉴了中国中庸辩证法的认识论,认为国家和非国家行为体并非理性地考虑自身的利益和需求,而是往往基于关系采取行动。正是关系让世界运转。这种理论框架不仅呈现了另一种概念化的国际关系,或者说使我们能够从不同角度看世界,包括重新思考权力和治理之间关系的方式,并为更富有成效的国际体系比较研究提供了空间。

相对于黑格尔的思想,中国的中庸(阴和阳)辩证法强调"亦此亦彼"(both-and),而不是"非此即彼"(either-or)的思维模式,它寓含的是"共题",并拒斥黑格尔辩证法中"正题"与"反题"的对立(Qin, 2018: xvii)。黑格尔的方法强调个人理性,而中国的观念则代表关系理性。正如他所说,"黑格尔辩证法追求的是发现最根本、最尖锐的矛盾,使之成为推翻旧事物、产生新合题的力量",然而"中庸辩证法总是试图发现适切合度的'用中',以期合理的共同立场能够被发现、被采用"(Qin, 2018:

xvii）。冲突是存在的，但它没有任何本体意义（Qin, 2018: xvii）。

总之，中庸辩证法与黑格尔辩证法在某些方面是一致的，两者都认为事物分两极，并通过极项的相互作用而发展。但它与黑格尔辩证法的不同之处在于，中庸辩证法把两个极项的关系的原态视为和谐，而黑格尔辩证法则把冲突视为两个极项之间关系的本质。这种区别是根本性的（Qin, 2018: xvii）。与西方相比，中国（和日本）在社会实践中更倾向于集体主义而非个人主义（Qin, 2011: 127; Harris, 2014: loc. 1379），这与等级制关系倾向有关。但秦亚青没有考虑儒家或中国传统文化普遍持有的观点，即"以牺牲个人为代价的集体价值观"。相反，这两者都很重要。尽管如此，秦亚青（2011, 2018）仍认为，西方理性主义和东方关系主义在处理社会关系的方法上有着深刻的差异，这些差异极大地影响了外交的运筹和国际社会的管理。理性主义冒险地把所有关系都简化为缺乏道德、信任或人际关系动态的个人主义的算计。关系主义更多的是关于在集体主义社会框架内人际关系过程中的信任。从儒家思想的角度来看，关系性"强调自我存在、自我身份、自我利益都与他者存在、他者身份和他者利益密切联系在一起"（Qin, 2018: xii）。值得注意的是，在西方熟悉的国际关系学理论中，建构主义也提出了类似的论点，尽管大多没有规范性内容或特定的文化根源。

秦亚青并没有说东方的关系性优于西方的理性。相反，他的观点是，如果没有关系性，在西方国际关系学中经常享有特权的理性就无法捕捉和解释大量的国际关系实践。秦亚青的理论似乎对西方和中国进行了严格的区分，有时是公开地，有时是隐含地。然而，西方也有一些中间立场的概念，比如国际社会，这可能与中国的和谐理念及权力和包容的积极理念有所共鸣。秦亚青（2018: xviii）在强调权力的积极维度和消极维度的区别时，暗示了西方更关注消极维度，即对抗型权力（power against），中国则更关注积极维度，即合作型权力（power with）。但西方也有积极的权力理念。因此，秦亚青的贡献在于他将重点转向积极权力理念，而不是否定消极权力理念。这也表明他试图拓宽我们对权力与国际关系学之间关系的理解。此外，他认为关系性的明显存在是普遍的，而非中国或亚洲社会所特有的。西方的国际关系学理论没有对关系性给予足够的重视，例如建构主义强调过程。

秦亚青很好地说明了这样一个事实：正如中国辩证法的阴/阳框架一样，理性主义和关系主义在东西方的国际关系学和实践中都存在。他认为，两者有足够多的重叠之处，需要结合起来，如果外交要在一个多元文化、不那么以西方为中心的国际社会里发挥作用，就必须这样做。关键的区别在于，在东方，关系主义是第一位的，而在西方，理性主义是主导逻辑。如果每一方都能认识到并承认自己在另一方身上发现的更强的方面，就能为思想的汇聚提供有益的基础。秦亚青的观点暗示着中国、日本和韩国之间在这方面应该比它们与西方国家有更多的共同点。它们的关系应该不那么容易被误解，但也许更容易被对微小差异的自恋所伤害（参见 Buzan and Goh, 2020: ch.1），特别是关于"面子"，它与等级制和关系主义密切相关。

面子

面子是儒家社会的共同文化特征，它以不同于西方文化的方式塑造社会互动（Tudor, 2012: 42-52; Moore, 2014）。面子是一个复杂的概念，部分与物质成就、位置状态有关，部分与一个人在其所在共同体中的道德地位有关（Hu, 1944; Hwang, 2011: 266-281）。何友晖（David Yau-fai Ho, 1976: 883）对面子的定义是：

> 一个人可以从他人那里获得的尊重和/或顺从，这凭借的是他在他的社会网络中所占的相对地位，和他被认为在该位置上充分发挥作用的程度，以及在他的一般行为中可接受的程度；他人给一个人的面子与对他整体生活状况的判断相一致，这包括他的行为和与他密切相关的人的行为，以及其他人对他的社会期望。就两个互动方而言，面子是相互依从、尊重和/或服从，每一方都希望从另一方得到，并延伸到另一方。

何友晖（1976: 883, 867, 873）还注意到"中国在方向上强调义务、依赖和尊严维护的互惠性"。从这个意义上说，面子是一个比单纯的尊重/形象/外部性（包含角色、责任和相互性）更复杂的社会学概念。在这种集体主义的背景下，"丢脸是一件很严重的事情，会在不同程度上影响一个人在社会中有效发挥作用的能力"。在这种意义上，没有合法的社会存在的生活是毫无意义的，不仅仅是社会声望或地位，"面子可能比生活本身更重要"。

石之瑜（Shih, 1990: 16–37）提出了面子的双层模型：个人层面是指人民寻求"自我认同来满足他们的愿望以确认生命的意义"（36），而"国家的面子"是关于"个体自我所属的整体、持续的有意义存在"（29）。

一些西方作者严肃地把面子作为东北亚历史和当代国际关系的一个核心特征。例如，S. C. M. 潘恩（S. C. M. Paine, 2003: 257, 306, 349–351；也可参见 Dreyer, 2016: 50）认为，面子可以解释1894—1895年中日战争的行为，以及它在中日关系中持续的重要性。葛小伟（Peter Hays Gries, 2004: loc. 223–255）认为，面子既是个人的也是集体的，它总是社会性的，促进自我辩护的行为和对历史的自我解释。他提供了大量文献，以说明中国是如何为自己赢得面子的。他展示了一方面是中国，另一方面是美国和日本的两方面民族主义言论的相互作用是如何构建中国的民族主义和身份认同的。沈大伟（David Shambaugh, 2013: 55–59）同意这一观点，认为中国在对外交往中特别重视提升党和国家的整体形象。莫凯歌（Gregory Moore, 2014）展示了东北亚各国政府在一边与本国选民打交道，一边与邻国打交道时，面子是如何以不同的、经常矛盾的方式发挥作用的。

这些主题与秦亚青（2011）的分析产生了强烈的共鸣，他的分析也强调了信任、互惠和集体主义等级制社会。面子和亚洲关系主义似乎紧密相联，要么是谈论同一件事的不同方式，要么是面子作为儒家社会关系主义的一个特征。毫无疑问，面子是东北亚文化中一个非常重要且长期存在的特征，因此几乎可以肯定，它是该地区内部及东北亚国家与世界其他国家之间外交关系的一个关键因素。石之瑜（1990: 138-147, 189）认为对面子的关注深刻影响着中国的外交，政治家一般与"国家的面子"有着很强的联系。从文献数量和深度来看，这一概念在国际关系学中尚未得到应有的重视。在儒家文明的范围内，对现代和古典的国际关系的理解，对崛起中的中国与世界其他国家外交的理解，都离不开面子。

实践

冒着过度简化的风险，我们将中国传统的国际关系实践分为两个部分：当它是一个与邻国互动的统一政体时，以及陷入分裂从而体现为一种国际体系时。当中国统一的时候，特别是从汉朝（公元前202年）开始，它的国际关系在很大程度上采取了所谓的朝贡体系的形式，张勇进（2001: 56-58）等人将其描述为中国世界秩序的关键制度。当中国四分五裂时，它看起来常常像是一种权力政治的极端形式，其中相互竞争的政体之间则进行残酷的斗争，以重建一个中央集权的秩序。邻近的政体很容易卷入这一过程，进一步模糊了内/外的区别，有时，就像元朝（蒙古）和清朝（金/满）成为重新统一中国的统治者的例子那样。从1931年到1945年，日本试图效仿这种统治，但失败了。当时日本对中国有明显的军事优势。但日本人拒绝接受或适应中华文化的优越性，而是试图扭转局面，使自己成为文明的中央王国，并认为中国是落后和野蛮的。

战国

中国有史以来最有名的分裂期是带有"战国"这一标签,并最终走向秦统治下再度统一的时期(公元前453—前221年)。正如我们所注意到的,那个时期以中国体系内的诸侯国争霸的残酷性和有效性而闻名。许田波(2005: 156-159)甚至说,由于高度注重自强(self-strengthening),彼时中国的国家体系内还没有国际社会。事实上,现实主义者经常引此为证,因为他们认为国际关系中权力政治和必然冲突是超越时空而普遍存在的。然而,正如张勇进(2001: 43-52)指出的,中国的实践与威斯特伐利亚国际体系有很多相似之处,它具有对抗性的均势和外交制度,以及主权(更含蓄地说是教义的)和国际法(更多的是以道德仪式而不是法律的形式)的类似物。但即便如此,仍有一个残存的中央王朝——漫长的周王朝,保留了统一中国政体的观念和象征意义。秦朝胜利地重新统一了国家,对抗性的制衡最终失败(Hui, 2005)。即使在深度分裂时期,中国的国际关系实践也坚持中国统一的观念。

但在典型的战国时期之后,中国还有许多鲜为人知的类似时期。事实上,我们可以毫不夸张地说,中国体系的特点是:它在相对和平、统一、稳定的长时段(如汉、唐、元、明和清)与天命旁落、诸侯纷争的动荡、冲突时期之间交替。有时动荡期间长达几个世纪,比如汉朝灭亡后至唐朝崛起之前。有时动荡持续时间较短,比如明清之间,以及1911年清末到1949年。然而,无论如何,秦汉时期建立的中国政治团结的象征,仍然是一个持久的政治框架。

从这个意义上说，中国的国际关系实践在广义模式上是符合前面讨论的中庸辩证法的。在不统一和分裂的时期，统一与和谐的思想总是存在的，政治上总是活跃的。同样，在统一与和谐的时期，分裂和不统一的思想也是存在的，在政治上也是活跃的。这种理解反映在通俗文化中。正如明代小说《三国演义》著名的开篇词："话说天下大势，分久必合，合久必分"。[2]

朝贡体系

前面讨论的三个观念元素——等级制、天下和天命——一道成为朝贡体系的内容和基础，另外两个——关系主义和面子——发挥着更微妙的作用。虽然这些组成概念在中国人的思想和实践中是清晰的，但朝贡体系本身的观念却不是。张锋认为，中国人在实践朝贡体系时，并没有从抽象的理论角度看待它。这一概念的建构和标签来自西方学者（Fairbank, 1968; Zhang, F., 2009: 574），现已或多或少被接受为塑造古典中国国际关系的方式。

朝贡体系始于汉朝（公元前202—公元220年），结束于清朝（1644—1911年）。这是一个以中国为中心的等级体系，其适用范围理论上（但不是实际上）与天下一样广泛。在这个体系下，朝贡国承认中国的优越地位，从而认可和强化了皇帝的天命。作为回报，地方统治者获得了合法性的承认，以及与中国进行朝贡贸易的权利。朝贡方从中国皇帝那里收到的礼物价值更高，而且

---

[2] 我们感谢王江丽提供这则文献（话说天下大势，分久必合，合久必分）并提供翻译。另一个译法（出自2018 English edition, trans. Martin Palmer, Penguin）是"帝国从混乱中崛起，帝国也会再次陷入混乱，自古皆如此。"

这个体系还允许在朝贡的同时进行相当程度的私人贸易。亚洲的一些统治者也利用这一体系为自己谋利，在国内继承纠纷中作为合法统治者得到承认，有时还能受到保护以免遭邻国的掠夺。例如，朝贡国马六甲在15世纪寻求中国的保护以抵御暹罗，中国在16世纪末为保护朝鲜免受日本入侵付出了巨大努力（Swope, 2009）。明朝出现了一种新儒家形式的外交政策理论，它结合了反映仁慈与道德优越的皇帝的天命和作为皇帝行使权力领域的天下。皇帝希望他人对自己忠心耿耿，如果他人扰乱了中国的和平或良好秩序，皇帝保留惩罚他们的权利。这一理论将儒家家庭结构的等级关系一直延伸到全球层面，而在一定程度上忽略了作为一个主要政治因素的领土权（Zhang, F., 2015a: 202-205）。

朝贡体系的运作，特别是它声称是一种相对温和或非强制性的秩序的说法，一直备受争议。在大多数情况下，它允许各国顺从而免于被征服。中国没有像15世纪后欧洲人那样在外国土地上进行大规模的海外殖民。当然也有例外：公元第一个千年中原王朝统治疆域的扩大。中国商人还在东南亚的贸易路线上建立了大量的华人定居点，其中很多人仍然是那里的少数民族。正如著名的15世纪郑和下西洋所表明的那样，这是为了扩大朝贡体系的规模，在符合目标的情况下，中国采用了劝导和强制两种方式。郑和的船队全副武装，并没有放弃以今天所说的政权更迭的方式对他国使用武力（Chong, 2014: 952-954; Zhang, F., 2015a: 200-202）。杰夫·韦德（Geoff Wade, 2004: 18-19）将这些航行比作"炮舰外交"，甚至是"原始的海洋殖民主义"。

但是，中国传统的朝贡体系并不是古典的罗马帝国或15—

20世纪的现代欧洲帝国那样的高压帝国。如前所述，它是否应该被称为"帝国"仍然存在争议（Spruyt, 2020: 156-164）。它不太符合西方的等级制思想范畴，尽管它可能位于亚当·沃森（Adam Watson, 1992; 也见 Buzan and Little, 2000: 176-182）的无政府-霸权-宗主国-间接统治-帝国的光谱中。它甚至不是一个死板的、类似宗主国的结构，而是一套灵活、务实的相互关系，或许最好被视为国际社会的霸权形式，它的外部圈子比内部圈子有更多其他制度，如对抗式制衡和战争（Zhang, F., 2009; Zhang and Buzan, 2012）。正如张勇进（2001: 51-55）和斯普鲁伊特（2020: 93, 101-110）皆观察到的那样，朝贡体系在实践中是灵活的，能够适应权力的现实和文化的多样性。当非汉人入主中原时，朝贡体系接纳了许多宗教和哲学，并能够吸收民族和文化的多样性。

中国通常允许在其势力范围内的国家保留其自身的领土独立，只要它们在仪式方面表现出适当的尊重。虽然中国与朝鲜的关系是朝贡关系的缩影，但与邻国日本的关系要困难得多，日本几乎从不接受从属关系（Buzan and Goh, 2020）。中国与更遥远的强权如俄国及草原民族的关系实际上（虽然不是在仪式上）和主权平等相去不远。中国非常务实，允许外国人在一定程度上遵守或不遵守其文化规范和实践。中国将外部世界划分为三个圈子：被同化的圈子；被允许"放松管制"和政治独立的圈子；被排除的圈子（Zhang, F., 2015a: 200-202, 210-212; 2015b）。即使那样，正如张勇进（2001: 51-55）所指出的，有足够的理由把观察朝贡体系的仪式与斯蒂芬·克拉斯纳（Stephen Krasner, 1999）"有组织的虚伪"（organized hypocrisy）的主权观相提并论。虽然中国的外交关系中存在某种仪式上的一致性,所有事情都必须表现出对中国的中心地位和优越地位的承认,但其基本实践范围很广,可以体现出更像是主权平等的关系。形式比物质更加同质化。

张勇进(2001: 58-63)、巴里·布赞和吴翠玲(Barry Buzan and Evelyn Goh, 2020)及斯普鲁伊特(2020: 133-164)都描绘了朝贡体系在中国与现代性,以及与西方国家和日本强权的创伤性遭遇中的衰落。日本从19世纪末开始控制朝鲜,夺走了中国的最后一个朝贡国。它不仅剥夺了中国所拥有的"中央王国"的地位和优势,使其成为一个在法律上与其他国家平等的主权国家,而且给中国带来额外的羞辱,使之成为国际权力与地位较低的发展中国家。

小结

如果我们把上述关于思想和实践的讨论作为回答"如果国际关系学是在中国被发明的,它会是什么样子?"这个问题的基础,那么答案将会是"非常不同"的。法家思想一方面与战国时期的实践有一些相似之处,另一方面也与现实主义/权力政治有一些类似。但法家思想和权力政治在中国内部战争的背景下发挥了最强烈的作用,而在中国与非中华文化的关系中,这种作用就不那么大了。然而,即便如此,人们仍在面对"中国"一词内涵的长期不确定性。当内外边界不断变化时,如何区分它们?有时北方的"蛮族"是外来的,有时他们是中原王朝的臣民或统治者。

最显著的差异是围绕着等级制/主权平等和天下的。斯普鲁伊特（2020: 127-131）强调，中国的内/外概念与西方的截然不同。为了避免过于简单化，可以说中国传统的世界秩序思想赋予了等级制概念特权，但允许一些平等的例外存在。这也许与其他"普遍"的农业帝国（如罗马和拜占庭），甚至与前现代欧洲的贵族等级制（如君主、国王、皇帝等）的实践没有什么不同。相比之下，现代西方关于国际关系学理论的思想为等级制留有余地的同时，赋予了主权平等/国际无政府状态以特权。当中国人面对强大的外族，或者像俄国这样遥远的国家时，他们会承认平等。而欧洲人从1648年开始以主权平等为基准，以均势为原则反对霸权主义时，他们也承认大国的特权，以及权力和权威的差异的现实（Simpson, 2004）。

天下和朝贡体系的实践，代表了一种完全不同的领土权概念，它不同于将主权、不干涉和领土权提升为西方世界秩序核心原则的相当严格的内/外观。中国国际关系学理论据此可能会赞成围绕着一个核心的文明同心圆，但不会赞成构成现代西方国际关系学坚实基础的领土方面的内容。的确，当代中国的实践显示了这种矛盾，一方面，中国是主权平等和不干涉的主要捍卫者，另一方面，中国寻求在本地区内的地位和"恢复正常"（return to normality）。从中庸辩证法的角度来看，这种看似不融贯的现象或许更有意义，因为在中庸辩证法中，对立是要管理的，而不是要解决的。

虽然中庸辩证法与英国学派的关系尚未被讨论，但值得注意的是，中庸辩证法和英国学派都倾向于采取中间路线来应对矛盾。我们可以将国际社会解读为一种中庸路径，即在一方面是主权平等和国际无政府状态，另一方面是中央集权的帝国秩序的二者之间做出选择。国际社会是在过度的国家独立和帝国集权之间寻找平衡的中间路线。对于具备适当资质的学者来说，这可能会成为一个富有成果的研究课题。

对中庸辩证法的另一种解读指向了一种有趣的猜测，即同时展示两副面孔的"大棒加胡萝卜"的风格，是否反映了中国长期以来的传统，即主要应对军事上具有威胁性，但在社会和政治上不那么成熟的草原游牧民族。两千多年来，这些民族一直是中原王朝的主要威胁，也是它们外交的主要目标。大多数其他欧亚文明也面临着来自草原游牧民族的威胁，但它们也有定居的文明邻居需要应对。中国没有这样的邻国，因此也没有与文化和军事伙伴打交道的外交传统。此外，这种行为也可能反映了一种相当极端的以中国为中心的观点，即中国定义了文明。从这个角度来看，其他所有人，不仅仅是草原游牧者，在不同程度上都是"蛮族"。正如 S. C. M. 潘恩（2003: 336）敏锐但有些尖锐地指出的，"只有在 19 世纪晚期，中国人才知道文明有复数形式"。

天命虽然与西方思想有一些联系，但是与之不同。它与西方王朝主义的不同之处在于，如果一个朝代表现不好，它就给予人民反抗的权利。在欧洲君权神授的制度下，这样的权利是不存在的。它或许与西方传统中的皇帝与外国臣民之间的关系，以及在人民主权下，人民拥有选择政府的权利这种更为有限的关系，有相似之处。以天命为代表的道德秩序在中国具有持久的重要性，这解释了中国对腐败的担忧。虽然天命一词没有被使用，但它仍然是中国政治中表现合法性的核心原则：政府的合法性主要来源于政绩好坏的观念。尤锐（2012）认为，中国的历史对中国的执政理念产生了影响。党自身就是由国家的精英群体构成的（Braudel, 1994［1987］: 215-216）。到目前为止，这一新的天命仅限于中国，没有触及天下，但它可能开始在该地区和更广阔的世界追求等级制。

关系主义建立了国际关系学的另一种逻辑，它既挑战了西方对理性主义的强调，又潜在地补充了西方的理性主义。面子对儒家社会的重要性显然不同于西方社会，作为集体主义社会的一个特征，它在本质上也可能是不同的。在国际关系学的背景下，它或许最好被理解为在任何交往中理性计算得失的一个额外的、重要的观念因素，尽管对于那些在儒家文化中生活的人来说，它比这要深刻得多。

民族主义不是传统中国思考世界其他地区的特征。儒家思想的主要方法更侧重于文化差异，而不是民族差异，原则上任何人都可以根据他们对合适的语言、习俗和仪式的掌握程度获得（或失去）"文明"地位。但在实践中，清代的汉人与满人之间存在着显著的政治差异，尽管汉人的民族主义当时已经受到西方观念影响，成为清朝衰落的一个重要因素。虽然民族主义不是儒家思想的一部分，但一旦中国与近邻以外的世界频繁接触后，它很可能会成为由中国发明的国际关系学理论的一部分。

第五章 伊斯兰世界

引言

虽然伊斯兰世界是三个案例研究中最晚近的一个,但它在各方面都比另外两个要复杂得多。它涵盖了比印度和中国更广泛的民族与文化多样性,并且拥有一系列在不同时间和空间维度上差异很大的政体。因此,我们需要更详细地展开它的历史。然而,尽管有这种复杂性,伊斯兰世界在思考和实践国际关系与世界秩序方面仍然具有高度的一致性(Aydin, 2018)。虽然这有助于简化故事,但思想和实践往往并不相符——或者完全不符——这一事实使故事更加复杂。

和印度一样,伊斯兰文明处于欧亚体系的中部。它与其他文明(信仰基督教的拜占庭、信仰琐罗亚斯德教的波斯和信仰印度教的印度)和蛮族(法兰克十字军、操突厥语民族和蒙古人)都有直接接触。像中国和印度一样,伊斯兰文明也遭受了周期性的,有时是毁灭性的游牧民族的入侵与征服。在阿拔斯哈里发国建立之初,它甚至在751年的怛罗斯之战中与中国(唐朝)短兵相接。如前文所述,伊斯兰是一个建立在占领同一领土的诸多早期文明遗产之上的"后继文明"。因此,它纳入了诸如互惠待遇和外交豁免等较早的实践（Khadduri, 1966: 53）。伊斯兰教也是不寻常的，它最初是半蛮族、游牧民族及长期存在于地中海和美索不达米亚/波斯文明边缘的阿拉伯人的宗教（Holland, 2012）。[1] 最初的阿拉伯征服将许多非阿拉伯民族带入哈里发国，这些民族（柏柏尔人、波斯人、操突厥语民族等）才慢慢皈依伊斯兰教和使用阿拉伯语（Braudel, 1994［1987］: 69-73; Kennedy, 2016: 11-22, 129-132）。伊斯兰教的政治和帝国与基督教的不同，其核心区一开始从根本上就是政教合一的。虽然在基督教中，国家和宗教之间有很多重要的联系，但它更倾向于精神和世俗的分离，而不是把自己定义为一个国家。伊斯兰教信奉国家形式和宗教、法律、贸易与政治的紧密联系（Risso, 1995: 5-6）。伊斯兰教与核心城市如罗马和君士坦丁堡的联系也较弱（Burbank and Cooper, 2010: 71-72）。尽管如此，伊斯兰教是一种城市宗教，虽然阿拉伯地区城市稀少（Braudel, 1994［1987］: 50-54, 64-68）。哈里发国本身有许多不同的形式。虽然哈里发是"乌玛的首席执行官"（Kennedy, 2016: ix），但他的角色可能会有从皇帝到精神领袖这种更为跨国的角色变化。伊斯兰教内部关于乌玛必须有唯一的统治者，还是可以有几个统治者的争论由来已久（Khadduri, 1966: 19-22）。10世纪，仅有唯一的哈里发的原则已经被打破（Kennedy, 2016: 284-302），但妥协仍然存在，即一个单一的哈里发保留了对整个伊斯兰教的象征性权威，而各部分则受到单独统

---

[1] 赫勒敦（Khaldun, 1969［1370］: 138-140, 208-213, 263-295）相当重视阿拉伯文化的相对原始性，认为这导致他们在掌握帝国权力时，在建筑、城市规划、海上贸易和战斗、文化与法律等方面都存在原始缺陷。

治（Khadduri, 1966: 19-22）。就像基督教帝国一样，对伊斯兰帝国来说，"一神论是帝国的一种工具"，但这个工具携带着"被证明过于真实的危险，即分裂"（Burbank and Cooper, 2010: 61; Kennedy, 2016）。

和印度一样，伊斯兰文明既是一个重要的观念输出地，也是连接中国和欧洲的贸易路线的十字路口。由于伊斯兰控制的许多土地在农业生产方面相对贫瘠，所以它的大部分财富依赖于贸易，一个充满活力的资本家商人阶层，以及连接非洲、亚洲和欧洲的幸运位置（Braudel, 1994 [1987]: 62-64, 70-71, 75）。伊斯兰教的商业文化气息浓厚（Hodgson, 1993: 97-125）。从一开始，它就对贸易（先知即商人）和理性的经济活动有敏锐的感知。伊斯兰教在其法学范围内为商人的行为编纂了法律，是一种"可传播的、法律主义的信仰，对商人具有吸引力并适合他们"（Risso, 1995: 19-20, 71, 104）。事实上，伊斯兰教法（沙里亚，sharia）是全面的，"涵盖人类行为的所有方面"（Piscatori, 1986: 1），尽管在如何将其一般指导转化为日常生活的适当行为方面仍有解释的空间。伊斯兰世界充当了古代与现代、东方与西方之间的桥梁。伊斯兰教从一个沙漠里的宗教团体迅速演变为一个高度城市化的文明。穆斯林商人创造了一个贸易网络，连接了从欧洲和北非到亚洲的文明。伊斯兰教的革新者发明了用于长途贸易的三角帆，用于航海的星盘，以及如伙伴关系、合同法、银行和信贷等在内的各项资本主义制度（Hobson, 2004: 48-49）。

阿拉伯人首先发展和控制了长途贸易，随后是埃及人，再之后是奥斯曼人。威尼斯和热那亚从中东穆斯林特别是埃及人控制的全球贸易中获利（Risso, 1995; Hobson, 2004: 48-49）。安德鲁·菲利普斯和 J. C. 沙曼（Andrew Phillips and J. C. Sharman, 2015: locs. 1319-1416）把欧洲入侵之前的伊斯兰教看作印度洋贸易体系的共同文化。阿拉伯作家哈里里（Hariri）说："我想把波斯番红花运送到中国，听说它在那里价格很高，然后把中国瓷器运往希腊，把希腊织锦运至印度，把印度的铁送至阿勒颇，把阿勒颇的玻璃送到也门，把也门的条纹布料运到波斯"（引自 Braudel, 1994[1987]: 71）。²

伊斯兰世界与其他文明携手拓展了今天被称为全球化的基础。在全球贸易和金融结构的意义上，全球化及其所有的社会和政治影响，并非始于 1500 年之后西方的崛起。它的根源可以追溯到伊斯兰经济网络。约翰·霍布森认为，"500 年后，直到 1800 年左右，波斯人、阿拉伯人、非洲人、爪哇人、犹太人、印度人和中国人创造并维持了全球经济"（Hobson, 2004: 32）。伊斯兰商人在印度洋特别活跃，他们将商业和宗教扩展到东南亚，并进入中国的贸易中（Risso, 1995）。虽然伊斯兰的商业并不完全是"全球的"（这要待到欧洲人的航行和帝国主义），但它强化和扩展了欧亚/非洲的贸易经济，这一经济早在公元前 200 年就已经与丝绸之路同在。当然，这场游戏中还有其他玩家。例如，刘欣如（2010: locs. 790-1153）就展示了 1—3 世纪欧亚贸易中贵霜帝国的重要性，该帝国覆盖了印度次大陆的西北部，加上阿富

---

2 赫勒敦（Khaldun, 1969[1370]: 122, 299-314）认识到贸易的必要性、重要性和合法性，以及"低买高卖"的逻辑，但他对商人本身评价不高，认为他们的活动和性格"没有男子气概"。

汗和中亚的大部分地区。它是丝绸之路贸易体系中连接中国与南亚、西亚和地中海的重要一环。贵霜帝国主要是一个贸易帝国，拥有融合的文化（波斯、印度、地中海、中国、草原），并在向中国传播佛教方面发挥了重要作用。

15 世纪晚期，欧洲人开始闯入亚洲和印度洋体系，他们首先将其扩展到全球范围，然后在 19 世纪用工业资本主义极大地强化了这一体系。在此之前，伊斯兰世界通过较低的过境税来促进贸易，创造了一个相对稳定的贸易环境，以及一种共同的理性的商人-资本主义商业文化：大多数亚洲陆地帝国对海上力量和海上扩张漠不关心，它们愿把这些事情主要留给商人去做。即便如此，海盗仍是印度洋贸易中的一个问题，欧洲人的到来使这个问题更加严重（Risso, 1995: 31, 51-52）。有一系列相互关联的文明和帝国：特别是中国唐朝（618—907 年）和伊斯兰帝国（倭马亚/阿拔斯帝国：661—1258 年；北非的法蒂玛帝国：909—1171 年）（Hobson, 2004: 25）。印度的笈多，爪哇的室利佛逝，以及后来中国的宋、明和清，东南亚的马六甲和印度的莫卧儿帝国，在维持商业方面也发挥了关键作用。大卫·克里斯蒂安（David Christian, 2004: 291, 324-326）提供了看待这个问题的另一种方式，他对"枢纽"（hubs，交换网络中的中心连接节点）和"重心"（centres of gravity，社会和经济规模巨大的地方）进行了有用的区分。美索不达米亚既是一个枢纽，也是一个重心。波斯及后来的蒙古帝国是枢纽，但不是重心。中国是一个重心，但并不算是一个枢纽。他认为，这些网络的连通程度增强了枢纽的信息交换能力，是观念和创新的重要来源。

同时作为枢纽和重心的伊斯兰文明，可以从过去和当代的文明（从被征服的古典希腊化世界，以及从印度和中国）中吸取教训；在此基础上增添自身的创新与见解；并将这些知识大量向野蛮的欧洲传授，特别是通过西班牙的西哈里发国（Hitti, 1962: 38; Wight, 1977: 34; Wight, 1991: 52; Braudel, 1994［1987］: 73-84; Hobson, 2004: 175-180; Bala, 2006: 53-62; Lyons, 2010; Belting, 2011; Kennedy, 2016: 153-160）。正如《经济学人》的中东事务撰稿人尼古拉斯·佩勒姆（Nicholas Pelham）指出的那样，"如果没有12世纪的理性主义者伊本·路世德（Ibn Rushd，即阿威罗伊，Averroes），启蒙运动可能永远不会发生，他曾为亚里士多德哲学辩护，反对正统神学家，影响了托马斯·阿奎那等人"（Pelham, 2016）。除了西班牙穆斯林，意大利人和其他欧洲人也通过参与十字军东征直接学习了一些亚洲的思想。但当它一旦获得了东方的思想和技术，文艺复兴就"背弃了东方"（Edwardes, 1971: 94, 引自 Hobson, 2004: 174）。

就像中国和印度一样，伊斯兰文明也有很多帝国，尽管它们分布得更广，而且经常平行存在，彼此竞争。早期的伊斯兰帝国即倭马亚和阿拔斯哈里发国追求普遍主义，并确立了伊斯兰财富、权力、学术和影响力的黄金时代（Braudel, 1994［1987］: 69, 73-84）。这个政治相对统一、文化辉煌的时代，由于阿拔斯王朝内部衰落，以及基督教法兰克十字军（1096—1271年）和蒙古（1241—1312年）叠加的残忍的蛮族入侵而宣告结束（Braudel, 1994［1987］: 85-92）。尽管入侵最终都被击退，但12世纪的伊斯兰世界非常分散，有时具有几个不同的帝国或权力中心（例如科尔多瓦的西哈里发国、埃及的法蒂玛王朝、奥斯曼帝国、萨法维帝国、莫卧儿帝国）和不止一个哈里发。[3] 它更像印度，在政治上经常是四分五裂和无政府主义的，国家的根基尚浅，而且往往是暂时的（Katzenstein, 2010: 35）。这是因为，伊斯兰同印度一样，提供了一种实质上独立于政治结构的文化和经济框架。卡罗琳·华纳（Caroline Warner, 2001: 69-76）注意到，在伊斯兰政体中，共同体而非领土是统治的关键，公共和私人、宗教和世俗之间的区别，并不像在现代西方传统中那样发挥作用。欧内斯特·盖尔纳（Ernest Gellner, 1981: 1-40）注意到在一个需要通过贸易联系的体系中，宗教是如何调和整个伊斯兰社会结构的，这不仅在部落内部和部落之间，而且也在部落和城市之间。伊斯兰共同体提供了法律（沙里亚）、语言和商业实践的共同框架，既克服了他们之间的种族差异，又将他们与非穆斯林区分开来（Risso, 1995: 6; Spruyt, 2020: 167-180）。

因此，尽管其政治分裂，伊斯兰文明仍然是一个融贯的世界社会，宗教与社会紧密融合（Bennison, 2009: 47-53）。正如马歇尔·霍奇森（Marshall Hodgson, 1993: 121, 182, 194）所说，在伊斯兰教中，强大的宗教与商业实践和政治制度的脆弱性之间存在联系。政治边界"从来都不是伊斯兰之家的基础"；宗教是"很多穆斯林民族的主要约束力"，人们对"来来去去的地方军事国家"有一种深度的疏离感。关于政治是否从经济中分离，以及两者是否从宗教中分离的争论，是伊斯兰话语的

---

3 参见胡拉尼（Hourani, 1991: 83-89）对伊斯兰历史主要阶段的概述。

一个长期特征（Lawrence, 2010: 171-174）。沙里亚法律体系在原则上及某种程度的实践上是普遍的，独立于世俗权威。这种融合使得伊斯兰对世界秩序和国际关系的看法，远不像其他大多数传统那样深深地植根于政治领土权。

这种政治上的疏浅是存在的，尽管像中国及在较小程度上还有印度那样，早期的伊斯兰文明在观念上有着强有力的统一原则，即应该有且只有一个哈里发国。然而，像印度一样，伊斯兰文明的宗教框架，即乌玛（信徒共同体），为其社会结构提供了持久的基础，使社会和一定程度上的经济，在其周围政治结构强弱变化的情况下都能继续大规模运转。帝国和国家可以在伊斯兰和印度世界来来往往，而不会对社会产生太大影响。当然，帝国和国家通过促进更有效的长途贸易和提供抵御入侵者的安全保障而有所作为，有时它们可能相当持久。倭马亚哈里发国统治了近一个世纪，阿拔斯哈里发国统治了近三个世纪（还有两个多世纪主要是象征性的残余），奥斯曼帝国作为主要力量，统治了五个世纪，萨法维王朝和莫卧儿王朝都持续了两个多世纪。但许多地方王国却是相当短命的。

从它的早期历史开始，乌玛就遭受了伊斯兰教中什叶派（Shia）和逊尼派（Sunni）之间在意识形态/教义/组织上的分裂。在伊斯兰教早期的几个世纪，这种分裂没有产生重大的政治后果，但从 10 世纪开始，随着埃及什叶派（伊斯玛仪派 [Ismaili]）的法蒂玛哈里发国的建立，这种分裂变得重要起来（Kennedy, 2016: 176-186, 235-275）。到 16 世纪，它被嵌入奥斯曼帝国和萨法维帝国的制度化政治竞争中，在教义上增加了一定程度的种族和文化分裂（阿拉伯与波斯的对立），威胁着乌玛的统一（Khadduri, 1966: 60−65; Hodgson, 1993: 194−195）。奥斯曼王朝（逊尼派）对萨法维王朝（什叶派）的意识形态的恐惧导致了1514年双方的重大军事对抗，奥斯曼将萨法维永久地赶出了安纳托利亚（Dale, 2010: 69−70）。逊尼派和什叶派政府经常与伊斯兰文明中众多苏菲派分支的关系不融洽。这些分裂似乎与基督教的各种分裂相类似，例如1054年东正教和天主教的分裂，16世纪天主教和新教的分裂，以及更普遍的对信仰的保守和自由解释之间的分裂。在这方面，伊斯兰教和基督教的主要区别在于，基督教的大分裂是在其创立很长一段时间后才出现的，而伊斯兰教的分裂则出现得比较早，与先知去世后的谱系和神学传承紧密相连。由于伊斯兰教既在先知家族的谱系中扮演着重要角色，又对其早期的黄金时代有着强烈的怀旧情结，所以这些分裂影响很大。

与我们前面提到的两个案例一样，我们将从伊斯兰世界的思想和实践出发，以此引领我们探究如果国际关系学是从那个世界发展起来的，它会是什么样子的。这个案例研究的一个有趣之处是，思想和实践经常不一致，尤其是由于伊斯兰教逊尼派和什叶派变体的分裂产生的政治分歧。

思想

与中国和印度相比，伊斯兰传统中关于思考和实践世界秩序的内容能为国际关系学带来什么的研究目前还不算多。在伊斯兰世界，现代国际关系学还没有像在中国和印度发展得那样好，很难在其中找到能与萨卡尔、泰戈尔和许多正将中国历史和政治理论纳入国际关系学的中国学者相对应的学人。[4]事实上，法伊兹·谢赫（Faiz Sheikh, 2016: 4-10, 185-190）认为，伊斯兰教经典文献对国际关系提供的指导很少或根本没有，因为它们假定了一个普遍的（伊斯兰）政体，它是以人而非领土权为基础的。伊斯兰教关于世界秩序的思想源于宗教信仰的共同体，以及世界秩序应该是普遍的信念，而这与西方世俗和多元的现代国际关系学基础截然不同。

这种思路指出了它看似沉寂的另一个可能的原因：与印度和中国的情况相比，伊斯兰教在更大程度上与西方主流国际关系学理论中关于单位和实践的假设不相符，或者说根本不相符（Turner, 2009; Tadjbakhsh, 2010: 191-192）。沙赫巴努·塔吉巴赫什（Shahrbanou Tadjbakhsh, 2010: 174）认为，伊斯兰"构建了自己版本的国际关系学……伊斯兰作为一种世界观，一种文化、宗教和观念的变体，寻求一种不同的真理基础和'可以提供西方国际关系学理论替代方案的美好生活'"。如果把伊斯兰世界观应用到国际关系学研究中，它必须被视为"一个独特的国际理论范式"；它不是关于"国家之间如何相互作用或这个体系是如何影

---

[4] 当然，这种说法可能只是反映了我们自身语言和知识的局限性。关于这一主题的英文研究正在兴起，如 Sheikh (2016), Adiong, Mauriello, and Abdelkader (2019) 以及 Shahi (2020)。在我们 2019 年出版的书中（Acharya and Buzan, 2019: 254），我们注意到，在土耳其，现代国际关系学研究发展得相当强劲，有几位学者是国际知名的。尽管这其中的大部分是否有明显的伊斯兰根源还有待商榷。一个例外可能是约杜塞夫（Yurdusev, 2004, 2009）关于奥斯曼外交的作品。

响国家的，而是聚焦于穆斯林/阿拉伯和非穆斯林/阿拉伯领域之间的关系，以及应如何安排的世界秩序的概念"(Turner, 2009)。然而，在与这种关于世界秩序的截然不同的理论观点并存的现实世界中，伊斯兰政体长期以来，特别是自 16 世纪以来，相互之间以及与非伊斯兰政体之间都保持着国家间的关系，特别是在欧洲（Khadduri, 1966: 60-67）。伊斯兰几乎从一开始就适应了政治多元化，虽然乌玛确实代表了一种普适的穆斯林共同体意识，但在政治上鼓动这种意识的尝试往往会加剧分裂，而不是创造团结的力量（Piscatori, 1986; Piscatori and Saikal, 2019）。

从历史的角度来看，伊斯兰的历史大部分并非阿拉伯的历史。虽然早期的伊斯兰帝国可以被视为阿拉伯帝国，但随着政治权力中心从阿拉伯半岛转移到叙利亚、伊拉克和波斯，情况逐渐发生了变化。正是操突厥语民族和蒙古人的领导人建立了马穆鲁克、奥斯曼、萨法维和莫卧儿帝国。如果国际关系学理论是在伊斯兰文明中发明出来的，那么它的理论和历史都需要作为可能的来源加以考察。

乌玛

伊斯兰世界秩序的一个重要规范理念是"乌玛"，它指的是"来自不同文化和地理环境的穆斯林在本质上一体和理论上平等"。[5] 马吉德·哈杜里（Majid Khadduri, 1966: 10）将乌玛定义为"一个政治共同体……被赋予中央权威"。原则上，这种宗教

---

5 *The Oxford Dictionary of Islam*, www.oxfordislamicstudies.com/article/opr/t125/e2427.

的、以人民为中心的、非领土的和渴望普遍性的理解挑战着领土民族国家的理念。但它不排除中央管理和对边界的尊重，并使自己适应于领土分裂。伊斯兰的国家构想是由乌玛（信徒共同体）和阿萨比亚（assabiya，共同体感觉）的概念支撑的，可能与民族国家和威斯特伐利亚主权的观念有很大不同。如前所述，在原则上和一定程度的实践中，乌玛提供了一个包容的跨国共同体和跨国法律概念，远远超出了任何单一的国家，而且在某些方面，它类似印度的种姓制度，减少了对一个国家的功能需求。然而，在实践中，对乌玛到底包含什么却存在着激烈的争论。皮斯卡图里和阿明·塞卡尔（Piscatori and Amin Saikal, 2009）认为，伊斯兰教内部对于谁算穆斯林的问题存在广义和狭义的不同看法，因此对乌玛的成员和范围意见也不一样。而且，如前所述，虽然这一概念在共同认同的层面上非常有效，但它与适当的领导力的作用和特点有着矛盾关系，而且大多数将其政治化的尝试已被证明是具有分裂性的。

虽然威斯特伐利亚主权国家被一些伊斯兰当局视为西方殖民主义暂时的、可有可无的遗产，但一些伊斯兰学者和领导人也已经适应了现代国家的原则和制度。皮斯卡图里（1986）给出了一个历史的解释，即伊斯兰教与国家没有深刻的矛盾，无论是王朝形式的国家还是民族（现代）形式的国家。弗雷德·劳森（Fred Lawson, 2006: 141；也见 Khadduri, 1966: 67）认为，1950年代中期，"阿拉伯世界开始形成一个以威斯特伐利亚主权规范为特征的无政府国家体系"。埃及的纳赛尔或利比亚的卡扎菲等激进的领导人曾极力追求建立一个阿拉伯国家的观念，如今已不复存在。同样，只有"基地"组织或"伊斯兰国"等极端组织追求建立一个超越国家主权的伊斯兰哈里发国的理念，而它们在当代国际法、外交规范和外交实践中并没有合法性（Kennedy, 2016: 365-375）。大多数穆斯林和他们的统治者都接受民族国家的存在，所以在民族国家的体系内工作来实现自己的目标比通过圣战（吉哈德，Jihad）摧毁它更好。与此同时，他们和其他非西方文明的人民和领导人一样，准确地认识到单一的西方现代性观点是有问题的。可以有一些混合性的现代性观念，它们可以借鉴西方的观念，而不效仿西方，也不削弱伊斯兰（或印度或中国）的身份。日本是在保留日本特性的情况下进行现代化的先行者，中国也正在追求有中国特色的现代性。这些混合体不需要激进地替代源自西方的现代性，但可以在创造一个更多元并具有普遍性的世界秩序方面有所补充。

战争之地、伊斯兰之家和条约地区，以及吉哈德实践

虽然古典印度和中国的世界秩序在当代的影响主要与它们目前作为大国的复兴有关，但伊斯兰文明并非如此。伊恩·卢斯蒂克（Ian Lustick, 1997）的观点仍然站得住脚：尽管中东作为权力中心的历史悠久，但自奥斯曼帝国衰落以来就没有产生过大国，这是当代中东的一个显著特征。这种情况似乎仍将持续。虽然在去殖民化以后，阿拉伯民族主义和单一阿拉伯国家的观念曾一度盛行，但现在基本上已经过时了。逊尼派和什叶派之间，阿拉伯人和波斯人之间长期存在的分歧，在政治上依然活跃，现在又因世俗和宗教领袖之间的分歧而加剧。因此尽管古典伊斯兰文

明中产生过大国,但相关争论更多的是复兴传统伊斯兰教信仰对西方霸权的文明挑战及其对世界秩序的影响。

这些传统框架围绕着与世界秩序结构相关的最知名、最具争议的伊斯兰政治概念而形成:将世界划分为"战争之地"和"伊斯兰之家"。前者指的是"没有与穆斯林签订互不侵犯或和平条约的地区",而后者指的是"伊斯兰教法普遍存在的穆斯林主权地区"。[6] 从政治的角度来看,这两个概念似乎使伊斯兰与西方的国际关系学之间的差异远超中国或印度。中国与印度的思想和实践的传统公认地都是以国家为基础的,与西方的区别是在法律而非神学上的。表面上,这表明了一种鲜明的现实主义观点,即两个地区必然发生冲突,尽管它们之间至少存在一些暂时的和平关系的空间。伊斯兰内部有相当大的空间来讨论这种两极分化到底有多严重。其内部关于谁应该算穆斯林的分歧使这个问题变得复杂,狭义和广义的解释都在起作用。像伊斯兰国这样的行为体代表着极端性,它们既对谁是真正的穆斯林持有非常狭隘的观点,也对(真正的)穆斯林应该如何与非穆斯林相处的问题抱持激进的零和观点(Piscatori and Saikal, 2019: 134-159)。这种两极分化不涉及乌玛内部伊斯兰国家之间的国际关系,因为应该只有一个伊斯兰国家(Tadjbakhsh, 2010: 177-178)。这个伊斯兰国家的目标是推广、保护和传播伊斯兰的生活方式。与西方思想不同,国家本身并不是一个政治目的(Tadjbakhsh, 2010: 196)。但这些概念并不是伊斯兰的基础,它们

---

6 *The Oxford Dictionary of Islam*, http://www.oxfordislamicstudies.com/article/opr/t125/e491.

可能在伊斯兰初期扩张中达到顶峰，在各伊斯兰统治者之间出现竞争时，作为伊斯兰统治者的合法化原则被引入，就像周朝的天命和天下原则一样。

战争之地、伊斯兰之家经常与另一个更具争议的伊斯兰概念联系在一起：吉哈德（意为斗争）。虽然吉哈德在西方通常与"圣战"联系在一起，但它"主要指人类抑恶扬善的斗争"。哈杜里（Khadduri, 1966: 15-17）将它与欧洲的正义战争（just war）概念相比。它可以通过不同的方式实现，"通过心、舌、手（除了武装战斗之外的物理动作）和剑"。把吉哈德作为圣战的思想被伊本·路世德（在西方被称为阿威罗伊）等阿拉伯学者视为对伊斯兰神学的曲解，现在正受到非传统主义的伊斯兰知识分子的挑战。现代主义对吉哈德的解释强调了《古兰经》中"限制军事活动，以自卫回应外部侵略"的内容。[7] 哈杜里（1966: 60-70）甚至认为伊斯兰教和基督教之间的长期关系应不仅仅从吉哈德和十字军东征的角度理解，而应被视为一个缓慢的共存发展的故事。

伊斯兰世界观中的这些概念有时被认为是与当代国际关系学中的概念截然不同的，以至于它们不能适应现有的政治和国际关系的概念与实践（Turner, 2009）。然而，这种观点具有误导性。伊斯兰非传统主义解释认为，战争之地与伊斯兰之家之间的区别不是绝对的，也不适用于当代。他们提出了深深植根于伊斯兰法律辩论中的第三条道路——条约地区，

---

7 'Jihad', *Encyclopaedia Britannica*, www.britannica.com/topic/jihad.

即认为与非穆斯林世界和平共处是可能的（Khadduri, 1966: 12; Baderin, 2000: 66; Turner, 2009）。在任何情况下，对这些地区的理解和应用从来都不是明确的，而且各个时代伊斯兰权力中心皆有所不同（Piscatori, 1986; Spruyt, 2020: 220-222）。

然而，这一概念框架并没有提供有关伊斯兰之家内部国际关系的任何信息——事实上，这个概念本身就是一种矛盾修饰法。在这方面，有必要关注14世纪伟大的伊斯兰教历史学家和社会科学鼻祖伊本·赫勒敦的著作（Lawrence, 2010: 160-163）。他的《历史绪论》(*Muqaddimah: An Introduction to History*, Khaldun, 1969［1370］)从早期阿拉伯哈里发国的衰落和后期突厥-蒙古伊斯兰帝国的崛起之间的角度，提供了许多伊斯兰教观点和实践方面的见解。赫勒敦几乎没有谈到国家间关系意义上的"国际关系"，只是指出战争是人类特有的现象（Khaldun, 1969［1370］: 223-230）。令人惊讶的是，他对伊斯兰世界和非伊斯兰世界之间的关系并不感兴趣，只是注意到，一旦阿拉伯人克服了最初对海洋的生疏和恐惧，学会不再回避海洋，那么伊斯兰世界和基督教世界就会在地中海展开漫长的海上拉锯战（Khaldun, 1969［1370］: 208-213）。

相反，赫勒敦将政治方面的关注点放在理解伊斯兰世界导致王朝兴衰的可预期性周期动态上。他从原始但充满活力的强大游牧民族（"贝都因人"）与成熟但腐朽的定居城市文明之间的长期紧张关系的角度，来看待这一过程。[8] 通过对相互贸易的

---

8 在伊斯兰历史上，几个民族扮演了激励"贝都因人"的角色。最初是阿拉伯人自己，然后是柏柏尔人和操突厥语民族。

长期需求，贝都因人和城市联系在一起（Khaldun, 1969 [1370]: 122）。但更重要的是，赫勒敦认为贝都因人是新王朝的主要来源，他们带来了活力和强有力的领导，以抵制城市生活的腐败奢侈。和霍布斯一样，赫勒敦明白需要强有力的统治来控制人类的贪婪和罪行（Khaldun, 1969 [1370]: 151-152）。但他并没有明确地遵循利维坦在国内创造强制和平的逻辑，而是上升到国家间权力政治和战争的逻辑："战争创造国家，国家发动战争"（Tilly, 1990; Bartelson, 2018: 49-52）。他几乎完全关注内部动态，看到了一个典型的三代周期，在这个周期中，强大的贝都因领导者建立了一个王朝。第一代具有军事雄心与才略，并在其技能、地缘政治环境和资源允许的范围内最大限度地扩大统治范围。第二代巩固了统治，却变得颓废。第三代失去了尚武的美德，王朝衰落，其领地也失守了："王室的权威因奢靡而削弱并被推翻"（Khaldun, 1969 [1370]: 115）。随着帝国从它的核心向外扩张，中央控制的程度会减弱（Khaldun, 1969 [1370]: 128-130）。野蛮的统治虽然对于更新王朝的活力是必要的，但它也可能仅仅是贪婪和无知的，通过破坏法律、商业和稳定的统治来摧毁城市和文明。宗教是一种创造"群体情感"（group feeling）的方式，将野蛮的本能转向更文明的实践（Khaldun, 1969 [1370]: 120-122）。[9]

正如第二章所指出的，赫勒敦的观点可以很容易地代表除伊斯兰帝国之外的农业帝国。该观点认为国际关系世界不是由一系列相对固定的单位构成，而是一个可以在政治上统一或分裂的

---

[9] 劳伦斯（Lawrence, 2010: 162）认为"群体情感"（阿萨比亚）是赫勒敦的主要社会学概念。

整体领域。它的总体趋势是，根据王朝创立者的财富、资源和技能，在这些极端之间摇摆。这样的帝国是易于瓦解和重组的聚合建构。这可能被视为一种国际体系，但肯定不是威斯特伐利亚体系。它既没有相对固定的单位，也没有对无政府状态或等级制的明确的意识形态承诺。随着王朝周期的展开，它只是在两者之间摇摆。从赫勒敦的角度来看，这种形式的"国际关系"显然是早期伊斯兰世界的主导形式，比敌对帝国之间的竞争和战争重要得多，无论是在伊斯兰之家，还是在伊斯兰之家和战争之地之间都是如此。人们花了两个世纪才最终击退十字军东征的一个原因是当时支离破碎的伊斯兰世界未能及早团结起来抵抗他们。

尽管赫勒敦对国际关系漠不关心，但伊斯兰之家和战争之地的总体框架确实为伊斯兰世界和非伊斯兰世界之间的国际关系开辟了空间。非伊斯兰世界是一个战争之地的观念，特别是当它与伊斯兰（和所有具有"普遍性的"宗教）内部的普遍主义相结合时，暗示了一场比现实主义更极端的零和博弈。只要非伊斯兰世界还存在，伊斯兰国家就应该尽力去扩张。这种观点得到了对吉哈德更为激进的解释的支持，这些解释采取了用刀剑传播宗教的十字军式观点。然而，凯伦·阿姆斯特朗（Karen Armstrong, 2002: 29）认为，虽然表面上有传播伊斯兰教的神学义务，但早期伊斯兰征服的动机主要不是或根本不是使非伊斯兰世界皈依，而是对财富和统一乌玛的渴望。正如休·肯尼迪（Hugh Kennedy, 2016）所指出的，在早期哈里发国，非阿拉伯人的皈依是一个缓慢的过程。因此，即使从一开始，伊斯兰的实践就不像农业/游牧帝国的普遍逻辑那样遵循教义。

正义战争

与印度、中国一样，伊斯兰也提出了正义战争的理念。伊斯兰教有大量战斗伦理禁令，例如第一任哈里发艾布·伯克尔（Abu Bakr）对被派去与拜占庭帝国争夺叙利亚控制权的士兵指示道：

> 众人啊，停下来，我好给你们十条律例，作为你们在战场上的指导。不可背信弃义，也不可偏离正道。你们一定不要毁损尸体。不要杀害孩子、女人、老人。不要伤害树木，也不要用火焚烧它们，尤其是那些结果的树。不要屠宰敌人的羊群，把它们存起来作为你们的食物。你们可能会从那些为修道院事务奉献的人旁经过；不要打扰他们（引自 Aboul-Enein and Zuhur, 2004: 22）。

昔班尼（Shaybānī）在 8 世纪写作的法律专著非常关注战争法（Khadduri, 1966: 4–7）。

认识论

现代西方自视为古希腊自然哲学传统的继承者和推动者，这种传统拒斥神的因果关系。然而，伊斯兰哲学对近代早期欧洲理性主义的发展产生了重大影响。理性主义阿拉伯神学的一个方面是伊斯兰法中的伊智提哈德（Ijtihad，意为努力）的观念，这意味着"独立推理"，而不是"模仿"。[10] 这种获取知识的方法与直接从《古兰经》《穆罕默德言行录》（Hadith，关于先知穆罕默德的生活和言论的传统）和伊制玛尔（ijmāʿ，学术共识）"中获得知识是不同的。[11] 这种对"独立和个人主义的人类理性"的重视，以及伊斯兰哲学家如肯迪（al-Kindi）、拉齐（al-Razi）、法拉比（al-Farabi）、伊本·西纳（Ibn Sina）、伊本·路世德和宰赫拉威（al-Zahrawi）的作品，与盛行的"天主教对神圣权威的信仰"背道而驰，并且强调"个人的中心地位"（Hobson, 2004: 178）。摩洛哥哲学家伊本·路世德阐述了最初由亚里士多德提出的"世界永恒论"（Doctrine of the Eternity of the World），认为时间和物质都是永恒的，而不是上帝在某个时间点凭空创造出来的。这些阿拉伯哲学家不认为宗教和哲学之间存在任何矛盾，并试图调和神学与自然的因果关系。

实践

正如我们在印度和中国（的章节）中所展示的那样，思想和实践并不总是一致的。对伊斯兰世界来说，这种脱节更为明显，部分原因是关于世界秩序更教条的伊斯兰思想不是以国家为中心的，而是植根于宗教、法律和非领土的社会秩序；部分原因是伊斯兰世界的历史更为复杂。令人尴尬的是，对于应该只有一个与

---

10 'Ijtihad', www.oxfordislamicstudies.com/article/opr/t125/e990.

11 'Ijtihād', www.britannica.com/topic/ijtihad.

乌玛大体上一致的伊斯兰国家的观念而言，政治和战略现实往往是多个国家和帝国，甚至哈里发国共存。这些都在乌玛之内，并延伸到伊斯兰控制的大片土地，穆斯林统治者是少数，最初在叙利亚、伊拉克、波斯和西班牙，后来最显著的是在印度和奥斯曼帝国在欧洲的行省。伊斯兰文明是著名的世界性文明。其中一个原因是它广泛地征服了最初很小的阿拉伯世界以外的民族。第二个原因是它在前文讨论的长途贸易中的重要作用。第三个原因是，与几乎所有其他古代和古典帝国一样，它是一个奴隶社会，从四面八方输入奴隶（Braudel, 1994［1987］: 58-62; Risso, 1995: 15-16）。在早期阿拉伯人的征服之后，伊斯兰政体的军事力量越来越依赖于输入的外族，特别是柏柏尔人和操突厥语民族，后来奥斯曼帝国的士兵中也有来自欧洲的奴隶（Braudel, 1994［1987］: 50-54, 85-92）。13世纪后，这些外来的战士逐渐成为伊斯兰的主要政治阶层。

由于强调宗教和社会，伊斯兰世界在其思想和实践中都具有现在所说的跨国视角。在西方的思想中，跨国主义是围绕和通过某种主导性国家结构出现的。在伊斯兰的实践中，跨国主义更接近于国家体系的替代物，是一种世界主义。[12] 这种跨国的世界主义也许在14世纪的伊本·白图泰游记中得到了最好的诠释。那时，在一个从西班牙延伸到中国的伊斯兰世界中，个人或多或少都可以安全地旅行，并且他的身份和地位在乌玛的腹地

12　在赫德利·布尔（Hedley Bull, 1977: 67-68）的分类系统中，伊斯兰教可能会被视为一个"世界政治中的基本规范性原则"，一个作为替代世界政治基本组织原则的国家体系的"世界共同体"。

与边疆都能得到认可（Mackintosh-Smith, 2002; Lawrence, 2010: 163-164）。这种强大的跨国主义广泛体现了伊斯兰文明作为欧亚非贸易体系中心的历史地位。它是关于宗教、法律、商业和在国家之外也有生命力的观念网络。

如前所述，乌玛这个概念可能是这些政治观点和社会观点的桥梁。如果乌玛与伊斯兰之家是一致的，那么它就是自我维持的社会结构，定义了人们在该地区内如何相互联系。简·伯班克和弗雷德里克·库珀（Jane Burbank and Frederick Cooper, 2010: 72）注意到，乌玛是"政治和宗教共同体二者界限重合"的空间。就像印度世界的种姓制度一样，它并不排斥国家或帝国的中央管理，也不排斥对界限的尊重，但它也不严重依赖界限，而且可以在政治分裂的情况下安然存在。如果像现在一样，乌玛分散在伊斯兰之家以外，有大量的穆斯林生活在非伊斯兰国家，那么事情就会变得更加复杂。伊斯兰之家和战争之地之间零和博弈的观念变得更加问题重重，为条约地区开辟了空间。阿米拉·本尼森（Amira Bennison, 2009: 65-69）认为，尽管有许多分支，但乌玛产生了一种强烈的跨国共同体意识，这种意识通常抑制了当地将伊斯兰教本土化的尝试。乌玛是伊斯兰文明相对于世界其他地方定义内/外的方式。它在为伊斯兰内部的政治统治者提供合法性框架方面也很重要。

在实践方面，将伊斯兰世界更为复杂的历史划分为两个时期是有益的，但也有过于简单化的风险。早期从7世纪到13世纪，主要是阿拉伯人的倭马亚和阿拔斯哈里发国的故事，不过其阿拉伯的色彩逐渐减弱，当时政治（哈里发国）和宗教（乌玛）

领域重合度较高。后期从14世纪到20世纪初，主要是操突厥语民族后继的帝国——奥斯曼帝国、萨法维帝国和莫卧儿帝国——的故事，当时乌玛分成多个"普遍"帝国。这两个时期之间有一个混乱的过渡，随着政治统一让位于分裂，埃及的操突厥语民族的马穆鲁克帝国（1250—1517年）和印度的德里苏丹国（1206—1526年）在两个时期之间形成了一座桥梁。在这些时期，尤其是早期，伊本·赫勒敦关于帝国扩张和衰落，以及关于"贝都因人"和城市文明相互作用的观点，至少起到了威斯特伐利亚式理解在国际关系中所发挥的同样甚至更多的作用。纵观这段历史，对大多数穆斯林而言，乌玛这种跨国观念是坚定的。

早期

我们最好是通过赫勒敦搭建的模型来理解早期，这并不奇怪，因为那是他彼时正在写作的历史。10世纪之前，倭马亚和阿拔斯哈里发国统治的基本思想是建立一个政治统一的伊斯兰帝国，尽管在这个帝国中，不仅在领导权和继承权方面存在着大量的且往往是暴力的内部争斗，而且帝国的向心力和离心力之间也存在持续的斗争。从10世纪开始，离心力占据了主导地位，哈里发国四分五裂，包括巴格达的阿拔斯残余及科尔多瓦（倭马亚）、开罗（法蒂玛、马穆鲁克）和摩洛哥（阿尔莫哈德）等宣布独立。1258年，最后一个阿拔斯哈里发被蒙古人杀害后，乌玛或多或少在政治上永久分裂了。所有这些哈里发国都按照赫勒敦的解释起起落落，它们彼此之间相距遥远，无法竞争，也无法重建政治统一。[13] 除了它们在与欧洲（西班牙和拜占庭帝国）接壤的两条边界上与异教徒进行几乎无休止的战争之外，传统国际关系学意义上的国际关系，不是它们主要关心的问题。它们关注的是帝国的内部动力和领导权之争，这更多的是国内政治，而不是国际政治，尽管它们确实涉及战争、结盟和领土问题。正如肯尼迪（Kennedy, 2016: 121-124）所指出的，早期的哈里发国很少实施外交政策。哈里发们与拜占庭帝国进行了一场宗教战争，偶尔会与之就人质交换等问题进行谈判（Kennedy, 2016: 107-108）。751 年，阿拔斯显然在与中国唐朝的短暂战争中与吐蕃结盟，科尔多瓦的倭马亚王朝与德皇、拜占庭都互派了大使（Kennedy, 2016: 144-149, 295-302）。所有领导人都非常关心通过与先知家族攀亲以确立他们的合法性。在这一时期，可能被认为是伊斯兰之家的国内政治，支配了可能被认为是战争之地的反对基督徒战争的国际关系。

十字军东征提供了这两者有趣的结合。在基督教/法兰克入侵时，伊斯兰已经在政治上四分五裂，侵略者和当地不同的伊斯兰领袖之间既有战争又有外交，伊斯兰内部的争斗与抵抗基督教世界同样重要，有时甚至是高于一切的。尽管政局混乱，乌玛这个社会意识依然强烈。这可能被认为与中国的实践类似，中国的王朝统一和稳定时期之间存在着政治分裂期，即使是在最为分裂的时候，也总是有强烈的重新统一的思想。关键的区别在于，中国始终能重新统一，而伊斯兰世界一旦分裂，就再未恢复

13　关于这一切的通史，参见 Kennedy（2016）。

政治统一。

后期

在一定程度上，可以用赫勒敦的术语来理解后期，即帝国的扩张和衰落，以及定居的农耕文明和游牧的蛮族之间相互影响的动态。但到那时，乌玛的政治分裂状态已成定局，欧洲国家不断扩张的权力发挥的作用与日俱增，国家间国际关系的模式也变得越来越重要。

正如斯蒂芬·戴尔（Stephen Dale, 2010: 10-47）所言，奥斯曼帝国、萨法维帝国和莫卧儿帝国都有共同的根源，即从10世纪到15世纪大量进入伊朗、阿富汗和安纳托利亚的操突厥语民族，以及13、14世纪，短暂而激烈入侵的蒙古人。[14] 大规模的游牧部落进入定居的农耕文明地区，造成了政治的长期动荡不安。操突厥语民族和蒙古人很快取得了军事上的统治地位，一旦他们明白（通常是由波斯顾问教授的）保护和征税比抢掠和破坏能产生更多的财富与权力，他们的领导者就会成为从印度到波斯再到安纳托利亚的新的统治精英（Dale, 2010: 107-110）。但是，就像他们之前的阿拉伯人一样，操突厥语民族和蒙古人的继承习俗有部落根源，并产生频繁、复杂和激烈的继承斗争，这往往导致国家和帝国脆弱、不稳定和短命。[15] 与此同时，操突厥语民族和蒙古人的精英都受到了波斯文化和管理技巧的影响，部分是就

---

14 大多数操突厥语民族入侵者已经皈依伊斯兰教，但蒙古人并非如此。
15 作为一种惯例，继承不是按照长子继承制，而是向所有合格的家庭/氏族成员开放。这几乎使一场权力斗争成为必然，并对强大的军阀领导者有利。

地获得的，还有部分源自因蒙古入侵而分散的波斯精英。后来的三个伊斯兰帝国都受到波斯高级文化的影响，包括语言、政治、文学和建筑（Lawrence, 2010: 163, 169-171; Neumann and Wigen, 2018: 131-134）。

在15、16世纪的混乱中出现了三个重要而持久的帝国：奥斯曼帝国（12世纪在安纳托利亚逐渐形成，15世纪壮大）、萨法维帝国（1501年建立，以波斯为中心）和莫卧儿帝国（1525年建立，合并了阿富汗和印度北部的大部分地区）。正如戴尔（2010: 48-53）所说，奥斯曼人是操突厥语的精英，他们通过军事和政治效力获得合法性；萨法维人也是操突厥语民族，通过捍卫和宣传什叶派伊斯兰教获得了合法性；莫卧儿人是突厥化的蒙古精英，他们的合法性不仅来自军事和政治上的效力，还因声称是帖木儿（又名坦麦能，他在14世纪建立了一个从美索不达米亚到阿富汗的庞大但短暂的帝国）的后裔。所有这三个帝国都受到了赫勒敦关于领袖素质的公式的影响。强大的皇帝开疆拓土，创造了文化的"黄金时代"，而羸弱的皇帝则导致衰落和解体（Dale, 2010）。莫卧儿帝国和萨法维帝国并不是主要的战略对手，尽管它们经常为争夺边境领土的控制权而发生冲突，并时不时地把阿富汗作为它们控制、争夺和威胁的边界。但是奥斯曼帝国和萨法维帝国是严格意义上持久的竞争对手，在领土（特别是美索不达米亚和高加索地区）和意识形态（奥斯曼帝国是逊尼派，它们没有像对其他宗教一样明显宽容什叶派）方面都是如此。

16、17世纪，这三个帝国还通过一个强大的贸易体系联系在一起，所有这些都依赖于特定的商品和税收（Dale, 2010: 106-

134)。这三个伊斯兰帝国都高度尊重商人,保护贸易路线不受强盗袭击,并在主要路线上提供了广泛的商队驿站(caravanserai)网络。棉花和香料从印度运到地中海,丝绸从伊朗运到奥斯曼帝国,白银从奥斯曼帝国经波斯运到印度。对丁相对贫穷和人口稀少的萨法维帝国来说,这种贸易是一条生命线,其沙阿阿拔斯一世让散居在外的亚美尼亚商人负责向西的贸易,而来自次大陆的印度教和耆那教商人则主导向东的贸易。欧洲人连接了这个网络,将白银投入该体系,以换取丝绸和香料。伊斯兰的长期做法是在教义方面作出务实的妥协,以促进伊斯兰之家和战争之地的贸易和旅行。这甚至延伸到为伊斯兰之家的非穆斯林提供安全的通道(Khadduri, 1966: 10–14, 17–19)。

这里所讨论的三个伊斯兰帝国的内部结构都是分层的、等级制的统治形式,这往往使相当大的财富、权力和文化权威留于较低的层次。因为这些帝国,尤其是莫卧儿帝国和奥斯曼帝国,包含大量的非穆斯林人口,所以主要的财富、权力和文化权威并不掌握在穆斯林手中。这种对差异的宽容使帝国易于吞并新领土,从而促进帝国扩张。帝国在很大程度上保留了原有的治理机制,不会深度同化被兼并的民族。但当帝国中心实力削弱,或对其治下的差异尤其是宗教差异,变得不那么宽容时,并入的政体同样很容易脱离帝国权威。与赫勒敦王朝周期的观点相呼应的是,处理内部叛乱是这些帝国的常规事务,无论叛乱来源于王朝派系,还是分离主义领导人(例如阿里,以及埃及从奥斯曼帝国的分裂),或者是臣民的反叛(锡克人和马拉塔人反对莫卧儿帝国,巴尔干基督徒反对奥斯曼帝国)。像中国一样,除奥斯曼帝国外的伊斯兰帝国基本上也是陆基的，有时它们是地中海上的重要海军力量，但对欧洲在印度洋的渗透和统治抵抗并不多（Hodgson, 1993: 197; Paine, 2014: locs. 8482-8648）。

伊斯兰世界分裂成三个"普遍"帝国，再加上欧洲日益增长的力量和影响力，意味着这一时期有了比前一时期更多的传统国家间关系。简而言之，这三个帝国各自的国际关系实践如下。

奥斯曼帝国

奥斯曼帝国是高度分层的中心-外围结构，经常允许其外围部分高度自治（Bennison, 2009: 53-65; Dale, 2010: 53-62）。这种组织的原则是为了让多样性在贸易和生产中为帝国服务。正如伯班克和库珀（Burbank and Cooper, 2010: 133）所说，奥斯曼帝国允许"宗教上已被明确规定的诸多社团"在很大程度上管理他们自己的事务，只要他们"承认苏丹的宗主权，缴税以及维持和平"。对不信教的人征收额外的赋税，抑制了奥斯曼帝国试图使其臣民皈依伊斯兰教。他们还通过"协定"的方式将域外权利扩展到商人，允许商人通过自己的法律进行自我管理（Burbank and Cooper, 2010: 143）。戴尔（2010: 53-62）认为，尽管社会和经济对差异持开放态度，但奥斯曼统治者的主要任务是征服。为此，帝国创建了一支高效的奴隶军队（禁卫军），摆脱了当时典型的欧洲国家和帝国对土地贵族进行征兵的军事依赖（Burbank and Cooper, 2010: 119）。几个世纪以来，它的军事效力和位置使之能够发挥加齐（*ghazis*，在伊斯兰之家的边界上保卫和扩展乌玛的战士）的作用。

奥斯曼帝国在一个特别的伊斯兰国际社会中扮演着重要角色,这个社会还包括萨法维王朝、莫卧儿王朝、马穆鲁克王朝、摩洛哥和各种各样的小王国,它们都有共同的伊斯兰习俗、规范和法律。乌玛的跨国逻辑在这个伊斯兰国际社会中发挥了强大的作用:统治者在宗教方面是合法的,领土权更多地是关于边境地区而非硬边界。1453 年,奥斯曼帝国在征服君士坦丁堡后,在伊斯兰世界获得了巨大的声望。这不仅实现了 7 世纪以降由于拜占庭帝国的抵抗而受挫的穆斯林世界的一个主要愿望,也给了奥斯曼帝国伊斯兰世界里最辉煌的首都(Dale, 2010: 77-80)。随着奥斯曼帝国的扩张,它并入了许多其他伊斯兰政权,其中最著名的是埃及,当帝国在 17 世纪开始收缩时,埃及才得以"释放"。帝国经常与萨法维王朝争夺美索不达米亚和高加索的领土,但也与其他伊斯兰政权结盟和休战。对于伊斯兰政权来说,介入彼此的王位继承的内斗是很常见的。

奥斯曼帝国也是包括欧洲和非洲在内的更广泛的国际体系/社会的一部分,它与欧洲和非洲有许多贸易、外交、战争和敌对的均势。穆斯林和欧洲人都把这个混合的体系/社会看作以自我为中心,以他者为外围的。努里·约杜塞夫(Nuri Yurdusev, 2009: 71-79; 也见 Burbank and Cooper, 2010: 143)发展了这条关于欧洲和奥斯曼帝国系统/社会的相互作用/整合的线索。他认为,从 14 世纪开始,欧洲和奥斯曼帝国之间的密切互动至少产生了它们之间共存(多元)的国际社会中的一些制度。奥斯曼帝国在对抗哈布斯堡王朝的霸权企图,以及更广泛的大国管理中发挥了重要作用,欧洲人对此也是承认的。早在 1536 年,它就与法国结盟,并在此后建立了长期的外交关系(Dale, 2010: 277)。它参与了欧洲外交,还可能塑造了欧洲外交的一些发展,尽管它不接受主权平等的理念,并远离欧洲的国际法概念。大沼保昭(2000: 18-22)注意到奥斯曼帝国为何无法像中国那样维持天下独尊的表象。因为奥斯曼人生活在一个更加多元化的环境,无论是在伊斯兰之家内部还是外部,他们不得不为了贸易和联盟而适应与他人相处,这使得国际法有一定的发展空间,以规范与外部的关系。伊斯兰教是一种特别重视法律的宗教(Risso, 1995: 5)。17 世纪以来,帝国战争在没有增加新的收入来源的情况下,耗尽了奥斯曼帝国的财政,而崛起的欧洲列强开始蚕食奥斯曼帝国的领土和主权(Dale, 2010: 270-278)。

莫卧儿帝国

莫卧儿印度接管了腐朽的德里苏丹国,后者在印度实行了近三百年的残暴的突厥化/伊斯兰军事统治(Braudel, 1994 [1987]: 232-233)。莫卧儿帝国是一个"火药桶",就像德里苏丹国一样,外来少数民族统治着更庞大的当地人口。他们建立了一个富有的农业帝国,拥有庞大的军队和高度分层的内部结构,向中央提供兵役和税收,并给予各省很大程度的自治权。他们拥有一个高效的土地税收制度和贸易盈余,能流入充足的铸币来支持货币经济。这个帝国几乎没有内/外之感,自视高于一切,且可能认为自己不受边界的约束(Phillips and Sharman, 2015: locs. 2148-2338)。它与萨法维帝国有一些边界争端和小规模冲突,两个帝国不仅在对阿富汗的控制权上存在争议,而且还遭受了来自阿富汗的攻击。然而，莫卧儿帝国符合赫勒敦的模式，主要致力于在次大陆扩张，处理叛乱和分裂分子。它的权威是浅层的，地方政府通常拥有相当大的自治权，如果它们认为中央衰微，就会借机自行其是（Braudel, 1994［1987］: 234）。信仰印度教的马拉塔人从17世纪中期开始攻击它，并取得越来越大的成功。随着莫卧儿王朝实力的削弱，伊朗后萨法维政权于1739年对德里和阿格拉发动了一次大规模袭击，揭露了莫卧儿权力的衰落。

莫卧儿帝国是三个伊斯兰帝国中人口最多、最富庶的，但也是唯一一个穆斯林占少数的帝国（Dale, 2010: 106-107, 126-130）。不同的皇帝对印度教臣民的态度各有差异。阿克巴也许是最伟大的莫卧儿统治者，因表现出极大的宗教宽容而闻名，尽管这并不典型。他构想了一种具有普遍性的宗教，称之为丁伊拉贺教（Din-I Ilahi，"神的宗教"），融合了印度教、伊斯兰教、基督教、琐罗亚斯德教及其他宗教。莫卧儿帝国并非对海上力量漠不关心，而是乐于把海洋留给商人、独立的沿海贸易城邦或欧洲人。他们遵循传统的印度洋贸易体系，该体系基于K. N. 乔杜里（K. N. Chaudhary, 1985: 112）所称的"古老且受尊敬的互惠法"，这意味着不"干涉外国商人的商业事务"，以回报他们的"良好行为"，并允许他们使用自己的规则。莫卧儿帝国与葡萄牙、荷兰和英国的特许公司之间都没有根本的利益冲突，这些特许公司从16世纪开始越来越多地侵入印度洋贸易体系。尽管这些公司在海上享有一定的军事优势，但为了贸易不得不屈从于帝国权威（Phillips and Sharman, 2015: locs. 1903-1961, 2443-2514, 3343-3392, 3834-4174）。在印度洋贸易体系中，商人和贸易港口都享有高度的自治,外国商人因其创造的财富而受到欢迎和保护（Chaudhuri, 1985: 13, 16, 36; Darwin, 2020: 4-38）。由于欧洲人从16世纪开始强行进入印度洋贸易体系，奥斯曼帝国遭受的贸易损失远远超过莫卧儿帝国或萨法维帝国。奥斯曼帝国挑战葡萄牙对公海控制的尝试全部失败了（Dale, 2010: 123-134, 184-187）。

萨法维帝国

萨法维帝国是三个帝国中最小、最贫穷的。它诞生于一场什叶派宗教运动中，并不认为自己是早期波斯帝国（帕提亚、萨珊）的重建，而是一个新的帝国（Dale, 2010: 69-70）。这个帝国与奥斯曼帝国在领土和宗教问题上有重大冲突，与莫卧儿帝国在领土问题上也有一定冲突。它还必须应对北方蛮族的入侵与干扰。它最显著的成就是将什叶派作为伊朗的主导信仰（Dale, 2010: 250），尽管伴有领土争端，但这也加剧了弱小的萨法维帝国与更强大的奥斯曼帝国的竞争。1514年，萨法维帝国大败于奥斯曼帝国，一场漫长的斗争开启了。奥斯曼帝国担心萨法维帝国的什叶派教徒传教，因此将他们赶出安纳托利亚，导致了萨法维帝国几十年的羸弱和政治动荡（Dale, 2010: 69-70）。帝国缺乏充沛的水源来维持主要的农业生产，它仅有的有利条件是丝绸的贸易和生产，以及它在连接莫卧儿帝国和地中海的经济体系中的位置。

小结

虽然在我们的三个案例研究中，伊斯兰文明拥有相当典型的聚合游牧/农业帝国的成分，但它的世界秩序/国际关系的理论与实践之间的分歧可能最大。至少从理论上来说，伊斯兰文明在政治和社会方面都与中国和印度的情况截然不同。它在理论上的政治观是由伊斯兰之家和战争之地定义的，由零和的宗教观主导，比其他两种文明中的现实主义/法律主义都更极端。与此同时，伊斯兰文明在社会方面有强大的跨国的世界社会元素，随着伊斯兰教通过和平或胁迫方式超越其最初的阿拉伯基础，该元素与乌玛一起扩展。在盎格鲁圈，或在印度和中国的散居者中，或许有类似的情况，但是在实践中，乌玛似乎比任何其他扩展的"跨国"共同体/世界社会的情况更能体现伊斯兰文明固有的跨国主义和普遍主义。

然而，伊斯兰文明的大部分实践与这一理论几乎没有相似之处。战争之地和伊斯兰之家之间没有明确的界限，后者基本上不是一个单一的伊斯兰国家，而是相互竞争的王国和帝国的无政府状态。然而，这种"无政府状态"不是威斯特伐利亚式的。它受到乌玛的社会统一性，以及早期统一的哈里发国的记忆与合法性的深刻影响。从这个意义上说，伊斯兰文明与中国有某些相同之处，那就是有一种强烈的统一意识，但在将其转变为政治现实方面不如中国成功。

在这三个帝国时期，伊斯兰统治深入渗透到一些地区（巴尔干半岛、东欧、印度），那里的大多数人都不是伊斯兰教徒。此外，这三个帝国之间的关系，以及它们与其他伊斯兰政体之间的关系，似乎更受王朝和帝国逻辑而不是宗教逻辑的支配。它们经常为了领土，有时也为了宗教教义而交战。它们不仅相互间进行战争、外交、结盟和贸易,而且与欧洲人之间也是如此。奥斯曼帝国尤甚,它深入参与了欧洲的均势和东西方贸易。但萨法维帝国也与欧洲列强结盟,两者和莫卧儿帝国都与欧洲的商人及特许公司打交道。这一证据相当充分地表明,伊斯兰理论所提出的世界秩序/国际关系的简单二元结构,对伊斯兰文明关于世界秩序/国际关系的实践几乎没有什么影响。伊斯兰之家本身在政治和宗教上是分裂的,至少在后期的实践中,条约地区似乎比战争之地更常见。乌玛代表了一种独特而重要的跨国世界秩序形式,它基本上超越了将其作为政治动员基础的尝试,无论是地方性的还是普遍的(Piscatori, 2019)。虽然伊斯兰理论呈现出一些与西方国际关系学理论相当不同的东西,但至少是来源于国家间/帝国领域的一些伊斯兰实践,就像在信仰印度教的印度那样,似乎与西方国际关系学的理论和实践是一致或互补的。

第六章 结论

前五章的重点是试图梳理如果国际关系学起源于印度、中国或伊斯兰世界而不是西方的话，可能会塑造国际关系学的地缘政治因素、历史及关于世界秩序/国际关系的古典思想和实践。这项工作的目的是，在这些文化正在恢复其财富、权力和文化权威的情况下，从思想和实践两方面了解这些文化可能给全球国际关系学带来什么。坦率地讲，前几章的讨论表明，如果欧洲对世界秩序/国际关系理论和实践的主要贡献是主权国家体系，中国的主要贡献是等级森严的国际社会制度，那么印度教印度和伊斯兰文明的贡献就在这个范围中间。后两者都拥有国家、国家体系（国际社会）和帝国，但也都有强大的世界社会/跨国传统，这使得它们的世界历史和国际关系与中国或前现代欧洲的有不同的特征和平衡：既不是全然无政府主义的，也不完全是等级制的，而是二者的元素兼而有之，外加大量的跨国世界主义。

正如我们在第二章中所述，这项工作面临的一个问题在于，现代国际关系学在很大程度上是在19、20世纪西方主导全球的巅峰时期构建的。这段经历在三大文明中都留下了深刻而强烈的后殖民心结，而今作为重要的部分，被非西方国家带入国际关系思想和实践的讨论之中。以霍奇森（1993: 224）为例，他细致地捕捉到了伊斯兰文明和中国（他认为印度不那么严重，因为它更习惯于外国的统治）与现代化西方的权力及思想的遭遇所产生的屈辱和"强烈的精神挫败感"。这打击了它们的内在威望，让它们作为世界文明主导的感觉被如此粗鲁地、突然地取代了。后殖民心结反对殖民的西方和日本的种族主义、胁迫与文化蔑视，这种心结不会很快消失，因而它将成为非西方带到全球国际关系学讨论中的一大因素。西方正在进行的反对种族主义、奴隶制的运动是这一遗产的一部分，虽然尚未对国际关系学的主流产生重大影响，但它们已经在国际关系学中的后殖民理论和其他"批判"理论中占有一席之地。

正视殖民主义的遗产，对建立一个切实可行的、深度多元的、有能力应对日益增加的共同威胁的全球性国际社会是必要的。对任何一方来说，与殖民历史和解都不是一件容易的事情。西方和日本需要承认自己的角色，并适应前殖民世界的不满和屈辱感。但是，前殖民世界也要承认自己的责任和共谋：非洲自身提供了大部分流向伊斯兰世界和美洲的奴隶；中国在19世纪成功地抵制了现代性，以至于让自己变得羸弱，容易受到外部力量的攻击；伊斯兰世界同样无法迅速适应现代性，未能阻止西方的大规模殖民。现代性的产生、发展和传播最初是高度不均衡的，将世界分成中心和外围。如今，随着现代性变得越来越普遍，文化差异越来越大，19世纪出现的财富、权力和文化权威的巨大差距开始缩小（Buzan and Lawson, 2015）。和解将是一条双行道，双方都要同时审视自己和对方的过错。就连当今善良的瑞典人的祖先，也要为向拜占庭帝国和伊斯兰世界的奴隶市场提供斯拉夫

"商品"负有责任。

但我们在本书中的目的要求我们把后殖民因素放在一边。在现有的国际方程式中,这是一个已知因素,尽管还没有受到足够的重视。如前所述,如果这三种文化中的一种取代西方,成为最先内化现代性的文化,然后利用由此产生的财富、权力和文化权威将全球经济和全球中心-外围结构强加于其他文化,那么推测将会发生什么,是没有结果的。相反,我们在本章的主要任务是集中讨论这些文化在它们的古典阶段的思想、实践、地缘政治和历史,以理解如果国际关系学是在这些文明中产生的,将会为学科构建提供怎样的思想和资源。就像在西方,修昔底德、马基雅维利和霍布斯仍然出现在国际关系学的阅读书目中,我们认为,源自一个社会的历史、政治理论和实践传统的深层知识,也是(并将)会对理解和思考现代国际关系产生影响。现代国际关系学要想成为真正的全球性学科,就必须正视这种思想和实践的遗产。

基于这一目标,我们在前几章中概述了三大文明在世界秩序/国际关系思想和实践方面的独特之处。在第一章中,我们提出了这样一个问题,即文化对思考国际关系学是否重要,或者唯物主义的解释是否占据了主导地位,以至于我们在不同文化对国际关系学的思考和实践中可能找不到显著差异。根据我们前几章的研究,似乎正如我们所预期的那样,两者都是正确的:不同文化在世界秩序/国际关系方面有一定的唯物主义共性,在思想、政治结构和实践方面也有一些显著差异。思考与实践世界秩序/国际关系的时代、地点和环境确实很重要,但在一个政治碎片化的体系中追求生存、财富和权力的结构性相似也同样重要。

值得注意的是，现代国际关系学的主要思想流派毫不费力地吸引了印度、中国和伊斯兰世界国际关系学共同体的拥护者。在这三个地方及其他地区，很容易找到现实主义者、自由主义者、建构主义者和马克思主义者等。[1] 现在，这当然可以简单地反映出西方国际关系学的知识霸权和先发优势，以及它在世界范围内为许多当前在西方以外工作的国际关系学者定义学科、制定议程及提供教育和培训方面所发挥的重要作用。然而，正如阿查亚（2004, 2019）所指出的，来自外部的观念不会被当地文化吸收，除非它们能够与定义并激发当地文化的观念集（idea-set）兼容。这个过程通常需要对新出现的观念进行调适。事实是，现代国际关系学的理论工具箱已经被西方以外的不同地方相当容易地采用，因此它不仅可以反映出西方的知识霸权，还可以反映出它与当地实践和思维模式的兼容性。

这也许在某种程度上解释了为什么不可能逐个概念地对这些领域进行明确的区分，在这些领域中，印度文明、中华文明和伊斯兰文明的国际关系学思想和实践要么与现代西方国际关系学相似或平行，要么与之明显不同。差异和共同点以复杂的方式交织在一起。综上所述，我们回到本研究开始时提出的六个中性概念，并用它们来回顾印度文明、中华文明和伊斯兰文明的思想和实践与现代国际关系学范畴的相似和差异之处：等级制、权力政治、和平共处、国际政治经济、领土权/跨国主义和思维模式。

---

[1] 如沈大伟（Shambaugh, 2013: 26-44）在这方面对中国的国际关系学领域做过详尽考查。

等级制

或许我们的三个案例研究与当代国际关系学理论最明显的区别在于，在前者中，等级制往往是主流的规范和结构，而当代国际关系学思想和实践是由无政府状态/主权平等所主导的。这种差异在世界秩序/国际关系的层面上很容易看到，在我们的三个案例研究中，帝国占主导地位；在当代国际关系的理论和实践中，民族国家占主导地位。这种差异不仅是在国际层面上，而且深入到国内政治和社会中。在我们的三个案例中，人类的不平等是人类社会的基础，表现为王朝主义、奴隶制、种姓制和父权制。在此基础上，我们很容易在当代国际关系与我们的三个案例研究的结构和动机之间做出明显的区分。然而，任何这样的思考都必须极其谨慎地进行。直到相当晚近，我们在三个案例中所谈到的关于等级制的所有内容才同样适用于西方。直到19世纪，奴隶制才被废除。直到第一次世界大战，王朝主义才被人民主权所推翻。直到1945年，帝国仍然是西方的主导形式。第二次世界大战后，人权才取代了人类的不平等。妇女的权利和地位无疑得到了提高，她们不再是丈夫的附属品，但很多结构性的不平等、歧视及父权制做法仍然存在。因此，在19世纪之前，西方与世界其他地区几乎没有什么不同，无论是在国内政治中，还是在国际政治中，都是由阶层分化主导的（关于这一点的详细论述，参见 Buzan, forthcoming）。这个问题是第二章中所提到难点的主要表现，即当代国际关系学理论主要是19世纪以来西方的产物，只有一些"卷须"能追溯回前现代的欧洲思想和实践（Buzan and Lawson, 2015; Acharya and Buzan, 2019）。

因此，在考虑等级制（及隐含的无政府状态）问题时，重要的是记住，我们主要关注的是西方自 19 世纪早期与其他国家拉开巨大实力差距之前的时期。从这个角度来看，等级制和无政府状态主要是指组成特定文明/帝国的单位之间的自治程度，而不是整个世界的情况。例如，印度教的轮转圣王观念并不意味着印度统治者征服了或希望征服"整个世界"，而是当时被称为"婆罗多"的地理范围。同样，中国人的天下概念诞生于他们对超越自身文化视野的"世界"一无所知的时期。事实上，汉朝佛教传入和丝绸之路开辟后，他们意识到像印度和波斯等其他复杂文明的存在并感到惊讶。国际关系学理论隐含着这一点，即无政府状态和等级制是在文化、历史和地理上特定的概念。因此，国际关系学应考虑到不同的区域背景，而不是仅仅从单一的、全球的视角来看待它们。

华尔兹（Waltz, 1979）认为等级制是一种本质上与无政府状态/主权平等不同的社会秩序原则，这一观点没有错。该论证指向了这样一个问题，即无政府状态或等级制是否是任何关于世界秩序/国际关系的思想和实践体系的预期规范。现代西方国际关系学的思想和实践明显倾向于这样的期望：大致建立在主权平等基础上的无政府状态，是首要的和期望的规范。在光谱的另一端，传统中国的思想和实践——天下、天命、王权——倾向于期望以合法的中央权威为基础的等级制拥有这种地位。伊斯兰文明似乎在这个问题上犹豫不决。其理论看起来很明显是等级制的，即期望建立一个单一的伊斯兰国家/哈里发国,建立比战争之地更优越的伊斯兰之家,并被授权成为具有普遍性的。然而,实践更加复杂和务实。三个伊斯兰帝国都认为自己是"普遍的"帝国,这是大多数大型农耕-游牧混合帝国的共同特征,不管它们的宗教基础是什么。在某种程度上,它们是等级制的。例如,奥斯曼帝国几个世纪以来一直不接受与欧洲国家的主权平等,尽管它与欧洲国家有外交往来。但在实践中,这些帝国在一个无政府状态的世界中务实地运行,尽管那个世界很少或根本没有主权平等的假象,而是不同类型和体量的政体的等级排序。印度的情况更加复杂。它的世界秩序/国际关系思想大多表明,无政府状态是预期的规范,全面的等级制则是理论选择和偶尔的实践,无政府状态下的等级秩序是正常情况。这种把无政府状态下的等级秩序作为规范,全面的等级制作为一种选择的情况,也是前现代欧洲的立场。

虽然存在政治分歧,但印度(印度教-佛教)、中国(儒家-天下-道家思想)和伊斯兰(乌玛)的世界观与社会秩序始终如一,塑造了每个文明中所有国家的政治观。这种世界观/秩序可以有效地与理想型的威斯特伐利亚模式并列:一个由主权、世俗、法律上平等的民族国家组成的去中心体系的观念。因此,如果国际关系学来自亚洲而不是欧洲,它就不会那么受制于威斯特伐利亚式的秩序,即使它可能结合了一些无政府状态和等级制的特征。等级制将成为规范,无论是中央集权的帝国还是有等级的无政府状态,而主权平等的无政府状态则是例外。在我们的三个案例研究中,文明-统一帝国的经验和合法性都将比欧洲案例中的更强烈、更晚近，后者不得不追溯到欧洲的民族和政治统一之前的罗马，以找到任何类似的灵感。

无政府状态和等级制并非相互排斥而是连续体的一部分，所有文明都沿着这个连续体在历史中来回摆动。这一观点可能更有用，尽管华尔兹不见得赞同。第四章已提到亚当·沃森（Adam Watson, 1992）的无政府状态-霸权-宗主国-间接统治-帝国的光谱，作为研究印度、中国和伊斯兰历史不同阶段的工具。所有文明都经历过无政府时期，最极端的是孔雀王朝之前印度的列国时期，中国的战国时期（名字本身已有所指），以及伊斯兰世界的后阿拔斯时期。但我们应该记住，我们今天所称的中国的所有地区并非都是由其主要帝国"统一的"（这是一个具有误导性但合理的术语，它事实上意味着由一个主导力量通过军事力量控制的领土）。例如，隋朝被认为是（汉朝之后）在经历南北朝的分裂后"统一"中国的，但隋朝的领土范围比元朝（增加了云南）或清朝（增加了西藏、蒙古和新疆）时的中国要小得多。

中国和印度无论是作为文明，还是作为国家，都有不同的边界。但中国有更大的政治集权倾向，这是由其社会意识形态（儒家思想）和法家地缘政治遗产支撑的。然而，尽管如此，中国的帝国风格通常将大量的地方自治权留给其属国和人民，以换取对中国作为中央王国的象征性和仪式性承认。中国对世界秩序的看法当然是等级分明的，但从现代与深层控制的意义上讲，它并不是真正的帝国。印度已经变得更加多元化，这不仅是因为它更多元文化的人口构成，以及更大程度上受到外部文明的影响，还因为它的社会意识形态重视宽容甚于统一（Tagore, 1918）。伊斯兰是一个比中国和印度更为多中心的文明，具有跨大陆的物理范围，在不同历史阶段，其中心分别位于欧洲、非洲、中东，以及中亚、南亚和东南亚，而印度和中国的文化、政治中心总是在一个更有限的地理区域内，分别是次大陆和今天被称为中国的民族国家。这意味着伊斯兰最容易陷入无政府状态，而中国在某种程度上离无政府状态最远，印度介于两者之间。

对国际关系学理论而言，这引发了挑战无政府状态和等级制的问题，它们不仅是常量，而且是互斥的范畴。我们的三个案例研究带来的是对无政府状态-等级制光谱更开放、更灵活的理解。就连沃森的光谱也过于局限于西方经验，无法捕捉到这一点。我们的案例研究，尤其是关于古印度的《政事论》（包括共和政体和君主政体）及其与孔雀帝国和其他政体的关系都表明，国际关系学应该对无政府状态-等级制光谱采取一种不那么僵化、更细致和有区别的理解。它应该认识到在两种纯粹的结构类型内部和二者之间有更广泛的空间和影响，这两种结构在实践中都不存在。在阴/阳方式中，所有的无政府状态（甚至威斯特伐利亚的无政府状态）都有等级的元素（大国的特殊权利和责任）；所有等级制都有政治多元主义的成分。可能的种类几乎是无穷无尽的。因为欧洲等级帝国统一的经历与中国截然相反，所以欧洲版本的国际关系学自然表现出对威斯特伐利亚意义上的无政府状态的极端依恋。英国学派早期创始人亚当·沃森和马丁·怀特都对国际关系学给予无政府主义优先地位的情况感到遗憾，但他们无法阻止英国学派沿着那条道路走下去（Watson,

2001: 467-468)。国际关系理论与实践都指向了中庸的结论，即核心挑战是在当前的环境中找到切实的调和。我们的三个案例研究为思考可能的平衡提供了丰富的资源。

我们再次强调，尽管华尔兹不见得赞同，但现实世界并非绝对的无政府状态或等级制，而呈现出偏向光谱某一端的本质。正如沃森（1992）所指出的，在漫长的历史中，实际的实践更多地指向了光谱中散乱的混合体（霸权、宗主国、间接统治），而不是光谱任意一端的清晰结构。换句话说，那些倾向于等级制和无政府状态的情况，在实践中都未抵达极端。显然，在西方实践中，与大国的特殊权利和责任相关的无政府状态/主权平等有明显的偏离，即使是霸权，如果是建立在共识的基础上，也是可以接受的，只是西方国际关系学理论对此缄默不言（Simpson, 2004; Clark, 2009, 2011; Cui and Buzan, 2016）。如前文所述，在早期的现代西方国际关系学思想中，"文明标准"是一种有关世界秩序/国际关系等级制思想的有力形式，这还在中心与外围、民主与专制等的区分中有强烈的反响（Acharya and Buzan, 2019）。在实践中，文明更倾向于等级制的时候，减损不可避免，这一点在理论中依然较少涉及。中国实际上有不同层面的外交，既有在其文化圈内部的外交，也有与在文化与地理上相距甚远的地方的外交。有趣的是，陈玉聃（2015）注意到尽管中国正式（但被迫）接受主权平等原则，但传统的等级制思想始终萦绕不散。必须记住的是，中国在接受主权平等的转变中是一个受挫者，从中央王国沦为与邻国和西方平等的国家。三个伊斯兰帝国不仅要彼此打交道，还得或多或少平等地与欧洲列强打交道。它们还必须对付伊斯兰世界中等级较低的政体,这些政体居于不同程度的独立/从属地位。

在此基础上,或许随着全球国际关系学开始反映更广泛的文化和历史,它的重心可能会远离极端的威斯特伐利亚形态。围绕主权平等的《威斯特伐利亚和约》可能会被看作地方性的,仅适用于现代化进程中的欧洲/西方历史。主权平等满足了欧洲中心的需要,但它缺乏足够强大的国家成为霸权国;它击败了许多霸权主义的企图,并把均势奉为一项神圣的原则;而且可以逐渐地将自身与外围国家区分开来,特别是从19世纪开始,外围国家脆弱到可以轻易地被控制和利用。那种结构不再反映后西方世界秩序的情况,尽管它仍有两大强烈的吸引力。第一,主权平等仍然与独立紧密相连,是外围国家去殖民化的关键奖励。第二,正在形成的深度多元主义结构将日益显示出财富、权力和文化权威的分配,其中有几个大国,诸多地区大国,而没有超级大国,这表明了至少在顶尖的大国之间需要平等。然而,与此相反的是,一些大国已经在以准帝国的方式考虑建立地区主导地位。美国对地区首要地位或自身特殊权利的主张并不让人感到陌生,约翰·鲁杰(John Ruggie, 2004: 3-4)精确地将这种主张称为"美国免责论"(American exemptionalism)。有大量的历史和理论资源可以使这种去中心化的世界秩序合法化,正如第四章所讨论的,中国已经开始这样做了。因此,新兴的世界秩序几乎肯定会代表主权平等/无政府状态和等级制/特权之间的某种混合(Buzan and Schouenborg, 2018: 123-161)。最有可能的等级制/特权形式将是大国在全球治理中同时要求地区首要地位和特殊权利，如否决权。然而，虽然有去中心化的世界秩序的先例，但不存在与当代国际体系/社会的高密度、高度相互依赖和紧迫的共同命运相结合的先例。在这一点上，历史没有提供任何指导，但它确实打开了我们的思路，让我们从无政府状态－等级制光谱向更广泛、更多样的地方发散，这是西方思维模式所没有的。

权力政治

古典印度文明、中华文明和伊斯兰文明关于世界秩序/国际关系的思想和实践都与现代国际关系学的权力政治/现实主义方面有相似之处。在印度，现实主义/权力政治的思想与方法在考底利耶的论述和次大陆各交战国家的政治实践中最为突出。印度可能没有类似于中国法家传统的思想。这一历史线索是否证明印度国际关系学者当前重视（或痴迷于）现实主义的趋势是值得怀疑的。即使在考底利耶那里，权力政治也是以规范原则为中介的，如关注国内的合法化，并以道德原则为基础，而不是完全的压制。在印度和中国，理想主义和规范性思想先于现实主义思想出现，这对大多数国际关系学者来说可能是新知。在中国，权力政治的思想主要来自法家思想及统治王朝失败后重建帝国的实践。中国的传统在理论和实践上都更倾向于等级制。沈大伟（Shambaugh, 2013: 26-34）认为，现实主义是中国国际关系学思想的主要流派，尽管人们可能会注意到马克思主义（对权力政治也有强硬的主张）的影响仍在继续，而建构主义（在权力政治问题上是中立的）已经在中国取得了重大进展。

在伊斯兰世界中,权力政治来自于圣战主义者对伊斯兰之家和战争之地之间关系的看法,以及伊斯兰之家内部帝国和王朝竞争的实践。这在伊本·赫勒敦和尼扎姆·莫尔克等作家的思想中有着强烈的体现。正如前面提到的,因为现代国际关系学还没有在伊斯兰世界广泛发展起来,所以与前两个案例相比,我们并不确定这个案例是否或如何影响了当代国际关系学思想。从权力政治的视角出发,很容易理解伊斯兰世界当代的许多做法。

权力政治为轻视文化因素的基本的唯物主义世界秩序/国际关系观提供了主要证据。该观点有两个基本组成部分:多样性和冲突。罗森博格(2016)将多样性视为国际的本质:不同的社会-政治实体在体系/社会中相互作用。在主流国际关系学中,多样性通常表现为国际无政府状态,即政府主要在个体单位内部,治理在整个体系/社会中只是弱存在或根本不存在的状态。这就产生了前文讨论的内/外视角,在这个视角中,无论是王国、帝国还是国家,甚至是宗教团体,一方面,它们在自身和内部社会政治环境之间,另一方面,它们在外部单位和整个体系/社会之间都进行了明确的区分,这成为它们活动的背景。这种结构很容易产生生存逻辑和扩展逻辑,其他单位被视为获取额外资源的威胁或/和可能的目标。因此,权力政治和冲突很容易成为世界秩序/国际关系的常态和预期特征。这种观点往往基于对人性本质上是自私、贪婪和易发生暴力的悲观看法。虽然我们所考察的三个经典案例都将这一思想作为思考和实践的突出线索,但它们之间存在一些显著差异。

在西方国际关系学理论和实践中,多样性常常被认为是一种永恒的条件。19世纪，在它与强大的民族主义差异联系在一起之后，人们就更容易把多样性视为一种理想条件，它体现了文化差异的演变，而文化差异正是人类历史上主要的社会遗产。然后，民族主义定义了区分内/外的社会-政治依据。当然，在西方的理论和实践中，还有一个更普遍的内/外层面。在前现代时期，这是围绕着区别于其他宗教和文明的基督教世界/欧洲文明的，但在19世纪拉开的财富和权力的巨大差距的影响下，它被具体化为"文明标准"（Buzan, 2014b）。"文明标准"区分了"文明的"（即白人、西方的、现代的）、"半开化的"（即具有城市文化和复杂社会分层的黄色和棕色人种的农耕文明）和"野蛮的"（即棕色和黑色人种的部落民族，前现代的，大多规模小，社会分层水平低）。这种差异支持了明显的等级制形式：在"文明"和种族阶梯上更高位的人有权支配和剥削更低位的人。"文明标准"的尖锐言辞和使用武力才予以确认的权利，在很大程度上从外交中消失了，但是类似区分的更文雅的形式在理论和实践中都仍然存在，体现在诸如"发达/发展中国家""中心与外围""弱小和失败国家""民主政府与集权政府"及人权等术语中。

在这三个案例中，多样性既不被认为是永久的，也不被认为是必要的条件，因此，权力政治在很大或更大程度上是关于建立和维系帝国的，就像它是关于无政府状态的国家间关系一样。它们的经典作家，如考底利耶、伊本·赫勒敦和尼扎姆·莫尔克，都高度关注"普遍"帝国的建立和维持。如前所述，在古典中国和古典印度，"世界"的概念局限于各自的文明范围内。在汉代，佛教出现和传播之前，中国人可能对印度和罗马等其他文明毫无概念（Yan, 2011: 218; Acharya, 2019: 484-485），他们的"世界"并没有延伸到他们的近邻之外。即使在那之后，中国人也不认为印度人、罗马人和波斯人是蛮族，或者是文化上的劣等人。对于那些他们更肯定地认为是"蛮族"的，比如紧邻他们的北方和西部的部落，中国人的态度因朝代而异。正如张锋（2009: 556）所述，汉朝、隋朝和唐朝都与北方和西部的游牧民族邻居保持着"'兄弟般的'或平等的关系"。唐朝并没有坚持让日本自称藩属国，而日本在奈良时代和平安时代通过大量借鉴中国的政治和行政模式建立了自己的政治制度（Zhang F., 2009: 556）。

古代印度统治者将他们在相对遥远土地上的对手视为平等的，这一假设并非毫无道理。孔雀王朝的阿育王承认希腊化世界中的统治者，包括同时期亚历山大里亚的托勒密王朝和安条克的塞琉古王朝。他的一份诏书（Dhammika, 1993）将它们作为传播达摩或正义学说要道德接触的目标。有人可能会认为这是由于阿育王缺乏征服它们的军事能力，但是公元前261年（在诏书颁布之前）阿育王压倒性地征服卡林加后就已经放弃了战争，而且由此不能认为他把后者视为在文化上是低人一等或在政治上是不平等的。

无论是中国还是古印度，都没有将宗教作为与外部势力进行等级划分的基础，尤其是与信仰基督教的西方相比；印度教特性（Hindutva）的观念是印度政体的一个相当新的建构，尤其是当前执政的印度人民党的建构。

在中国的理论和实践中，法家思想允许多样性和冲突，但很少倾向于认为这是永久的或可取的。中央王国的观念带有某种内/外有别的意味，但它的目的是将多样性置于天下的等级结构之下。权力政治的目的不是维持国际无政府状态，而是恢复一种分层的等级秩序。然而，这个逻辑在中国的核心区比在偏远地区的行为体中更加清晰。至少在实践中，在与强大的草原帝国或遥远的邻国如俄国打交道时，中国的外交可以趋向于主权平等。孔华润（Warren Cohen）认为，元明之前的中国朝贡体系更符合政治平等；具体来说，明太祖洪武帝"拒绝了蒙古帝国之前就存在的国际体系，在这一体系中，中国与东亚各国——及亚洲其他地区——在大致平等的基础上建立了外交关系，有时甚至接受了中国军事落后的事实"（Cohen, 2000: 151）。

伊斯兰文明的理论和实践中也有权力政治的元素，但它不一定被视为永久的或理想的。赫勒敦（Khaldun, 1969 [1370]: 223-230）认为战争是人类特有的，涵盖了各个层面的权力政治，他似乎认为王朝周期是一种永恒的状况。伊斯兰内部王朝的扩张和收缩的周期是一种权力政治形式，但其重点是帝国的扩张和收缩，而不是国家间的竞争。相比之下，战争之地与伊斯兰之家的理论框架表明，伊斯兰文明和世界其他地区之间存在着一种暂时的多样性，这种多样性只会持续到所有地区都统一在伊斯兰之家中。它没有考虑到伊斯兰国家的多样性。然而，这种实践反映了务实的现实：首先，伊斯兰国家往往是多种多样的，就像在三个帝国时期；其次，一旦最初的扩张失去动力，伊斯兰之家就不可能直接统一世界。伊斯兰帝国的治国方略，无论是在伊斯兰国家之间，还是与非伊斯兰国家，都体现了明显的权力政治关切，即在同一个国际体系/社会的政体集团之间生存和战争。

所有这些都表明，我们的三个案例研究为国际关系学带来了一个更开放的权力政治观。它们并不认为这是一种永久的或理想的条件，而有时是必要的条件，视情况而定。他们还指出了这些情况与上一节中所讨论的无政府状态-等级制平衡之间的密切联系。这一联系为理论化开辟了有趣的领域。虽然"安全对抗"（security against）的必要性在世界政治中仍然强有力地发挥着作用，但"安全合作"（security with）的必要性正日益增强，因为从流行病和全球变暖到恐怖主义、大规模移民和大规模杀伤性武器扩散的共同威胁，对全球国际社会的冲击日益严重。这提供了一种全新的、前所未有的环境，在这种环境中，不那么具有决定性的权力政治观，以及对无政府状态和等级制相互作用更开放的看法，可能既有用又必要。

和平共处

在现代西方国际关系学中，和平共处是权力政治的对立面。乍看起来，它似乎也是帝国的对立面，因为帝国建立的是一个而不是多个政治控制中心，而和平共处需要多个政治权力和权威的中心。和平共处的逻辑包括一系列战略、结构和条件，以使一组政体的关系可以远离零和的权力政治。和平共处至少代表了多元主义的观点，即在这个体系/社会中可以合法地存在不止一个政体，在这种情况下，除了永久战争外，这些政体拥有可以共存的选择。这些选择从相当有限的某种形式的外交承认，关于权利、地位和均势的协议，以及谈判程序；到相当广泛的国际法的发展、共同项目的培育、主权平等的承认、共同的人性和共同的机构等。经济关系也隶属于和平共处的标题下，但这是共存的一个如此重要和独特的方面，因此我们在下面的小节中将在它自己的标题下讨论它。

印度阿育王的达摩有时被视为纯粹的道德主义，但在现实中，这是一个务实的"安全合作"，因为阿育王留下了一块未被征服的邻近领地，尽管他有能力这样做，同时他在帝国领地内保留了用武力夺取的领土（比如卡林加）。

因此，和平共处与某种形式的国际/世界社会有关。这样一个社会的目的可以只是对诉诸战争施加一些限制，也可以包括广泛的合作和消除战争的愿望。由于西方国际关系学植根于威斯特伐利亚视角的政治多元化，和平共处是其中一个发展良好的思想和实践。这种发展及其可能性的范围，可以最简洁地被概括为英国学派的多元主义概念，它代表着共存的最基本逻辑；还可以被概括为该学派的社会连带主义的概念，它代表着贸易、人权和环境管理等共同项目的合作逻辑（Buzan, 2014a: 81-167）。社会连带主义甚至可以延伸到某种程度的自愿趋同，比如在欧盟内部，以及民主和平理论的支持者。多元主义和社会连带主义代表着对希望或预期的国际秩序的程度及各单位之间差异程度的不同愿望。第五章讨论的伊斯兰条约地区观念类似于英国学派的多元主义，因为它只是寻求限制，而非消除那些本质上代表不同价值（这里的案例中是宗教）的政体之间的战争手段。最早的伊斯兰教义是乌玛，它排斥非伊斯兰民族，但它本身是理想主义的。如果你深入观察，会发现不仅先知穆罕默德被称为"富有同情心的人",而且阿拉伯人是最早和最重要的商人,以及早期的阿拉伯扩张也给予希腊、印度和前伊斯兰的波斯的科学和哲学诸多尊重。有大量证据表明,不仅早期的伊斯兰征服者尊重犹太教徒和基督教徒,视他们为"书本上的人",而且战争之地与伊斯兰之家是后来才被建构出来的(Armstrong, 2002: 29),它们不是伊斯兰的基础,反而被伊斯兰的不同政治中心保守而灵活地运用。[2]

赫勒敦的"群体情感"观念似乎把世界社会作为任何政治秩序结构的必要基础。赫勒敦认为"群体情感"是帝国成功构建的必要条件,这就引出了一个有趣的困惑。帝国在很大程度上是与和平共处相对立的,特别是当它们认为自己是普遍的情况下。这种视扩张直到合并它们已知的世界是权利,甚至是它们的道德义务的帝国,在前现代时期有很多。在一个重要的意义上,这一原则与和平共处的核心理念——一个体系/社会中应存在一个以上的政体——是矛盾的。中国的天下、天命和王权思想,或许是这一观点最为清晰的表述。然而,正如我们所注意到的,这类帝国在实践中往往是混合的,允许相当大程度上的地方自治。即使是以等级制著称的中华文明,也允许那些愿意承认它是"中央王国"并服从皇帝的国家,实行地方政治自治。

考虑到这一点,帝国也可以被理解为是兼容的,甚至是一种和平共处的体系。"普遍"帝国思想中的一个共同主线是,只有当帝国打败并吞并了所有敌人时,才能实现和平。按照这种观点,普遍帝国是和平的唯一可能形式。在前现代,成为帝国一部

---

[2] 阿姆斯特朗(Armstrong, 2002: 30)补充说:"《古兰经》并没有将暴力神圣化。它提出正义自卫战争理念的目的是保护正确的价值观,但是谴责杀戮和侵略。"

分的吸引力之一是获得一定程度的保护，并与更广泛的贸易体系建立联系，作为交换的是，牺牲一定程度的地方自治和地位。作为一个独立自主的小国，这种交易可以与独立生存相提并论。正如沃森（1992: 14-16, 37；也见 Buzan and Little, 2000: 176-182）指出的，前现代帝国通常没有明确的外部边界，但它对其组成部分拥有一定程度的权威，而这种权威往往随着与帝国核心距离的增加而递减。赫勒敦也持这种观点。只要和平共处不被定义为要求各方主权平等，那么某些形式的帝国是与之兼容的。在以社会等级为规范的社会中，这构成了和平共处的一种主要形式。

这种关于和平共处的帝国思维模式可以融入和平共处的更字面的含义，即政体的目标是与邻国共存，尽量少诉诸或不诉诸暴力和战争。在某种程度上，可以从这个角度来看待帝国，这也许部分地解释了它们是如何成功的。从世界历史的角度来看，帝国可以说是最持久、最成功的政体形式，尽管在过去的 70 年里它们已经过时了。中华体系当然认为它给天下带来了和平与秩序，并在很长一段时间内做得相当成功，而且在很大程度上是在共识的基础上做到的。在这个意义上，和平共处的另一个例子来自存在时间不长的孔雀王朝，即阿育王皈依佛教，并培育出有关国际关系不应以威胁的方式运作的理念，这在第三章中讨论过。这似乎不仅仅是寻求限制战争的简单的多元主义。正如我们所指出的，阿育王希望通过他的达摩主义来消除战争，但他的倡议比较罕见，与非西方世界中在政治多元化框架下进行和平共处的情况并不相同。

虽然和平共处的多元主义方法通常植根于国家行为的管理，

但社会连带主义的方法更多是从这样一种理念出发的,即人们是整个人类的一部分,无论如何按语言、文化和发展水平细分,这种共同意识的意义和影响都超越了国家。这种世界性的意识(下文将详述)是西方国际关系学中一个重要的思路,尽管在西方的实践中不那么明显。一个困难在于,在某种程度上,前现代世界没有或少有人能够理解人人平等的世界人文主义。农耕文明通常认为所有人都是不平等的。他们严格执行社会等级和长子继承制,几乎所有人都自然而然地接受并践行了父权制、奴隶制和王朝主义。但正如赫勒敦所理解的,人文主义的世界主义的缺失并不排除其他形式的"群体情感",比如宗教,它可以通过提供更广泛的社会来支撑更大的政治秩序。宗教共同体(佛教、基督教、印度教和伊斯兰教等)为"群体情感"提供了一个有趣的折中方案。一方面,这种群体的归属感超越了更狭隘的差异,但并没有延伸到全人类,因而在更大的范围内造成分裂、地区主义,并经常带来冲突。另一方面,"普遍的"宗教开辟了以某种共同体主义的方式来思考人类整体的道路。

从这三个案例中得出的经验是,和平共处有两个并不互斥的来源。一个是对权力政治的成功追求,即一个主导力量通过以可接受的仁慈方式统治一切从而带来秩序。另一个是某种共同身份创造了充分的共同体意识,以克服"安全对抗"他人的必要性,并使"安全合作"的必要性成为可能。许多长久存在的帝国都很擅长这种博弈,尽管不是在全球范围内。古典中国或许因其强大的文化元素和物质力量而做到了这些并以此闻名。这些洞见突显了当代国际关系学理论的困境。在深度多元主义的条件下,在可预见的未来，反霸权主义似乎正在成为一种强有力的规范。鉴于自由主义的传播未能在全球获得支持，因此也很难找到全球性认同的候选者以支撑和平共处。所有候选者，无论是宗教的还是世俗的，都未能获得全球地位，这意味着它们只是加剧了全球分裂的程度。中国和美国都已失去了曾经追求这一目标的诀窍。共同命运威胁的出现是否会开辟新的领域——即使只是"我们都在同一条船上，而且这条船正在进水"的这种情况——仍有待观察。

国际政治经济

正如前一节所指出的，贸易是和平共处的关键因素之一。对贸易的需求/渴望是普遍存在的，无论是对它提供的商品，包括奢侈品和大宗商品，还是统治者可以从中收取的赋税。尽管在农业社会中，商人普遍不受社会重视，但统治者制定支持贸易和贸易者的规定是一种常见的做法。然而，经济学/政治经济学的形式科学只是一种现代发明。直到 19 世纪，市场（market）作为一个抽象概念才与长期以来的市集（marketplace）实践有所区别（Watson, 2018）。但是，人们对长途贸易优势的认识在人类历史上可以追溯到很久以前。这种贸易的一个动力是诸如羽毛、贝壳、丝绸和珠宝等标识身份的异域商品无法在当地生产，它们的价值随着与生产地点的距离增加而上涨，并促进了社会分层的细化。另一种是更基本的商品，如主粮、建筑材料（木材、石头）和铸币所需的贵金属（尤其是银和铜），这些都是建设大规模城市文明所必需的。当然，交易这些商品，提供支持贸易所必要的信托和信用网络，也能获得丰厚的利润。虽然古典文明，特别是它们的宗教，对待商人的态度相当不同，但长途贸易移民群体实际上是古代和古典世界几乎所有地区的一个重要团体（Curtin, 1984）。

我们论述过的所有文明都参与了长途贸易，并促进或至少允许海外贸易者在其领土内开展商业活动。古代和古典世界的政府大多认识到贸易本身的好处，有时甚至认识到贸易的必要性，它们当然也重视从商人身上汲取的税收收入，并相应地给予商人经营许可和一定程度的保护。从商人那里获取的税收越多，统治者向人民征收的赋税就越少，尽管要平衡这些税收并不容易。对商人课税过重，他们就会把生意转移到别处。对人民征税太多，他们可能会反抗。即便如此，贸易似乎已经深深地、明确地扎根于伊斯兰文明之中。如前所述，伊斯兰教在某种程度上是一个商人宗教，而萨法维帝国尤为依赖作为收入来源的贸易。尽管第五章回顾的三个伊斯兰帝国在意识形态和领土上存在竞争，但它们都投入了大量资源来培育和维护贸易体系，这些体系将它们彼此相联，并与印度、中国和地中海相联系。

无论是在印度教还是伊斯兰教的统治下，印度从早期就参与了长途贸易。最初，这种贸易将它与美索不达米亚的早期文明联系起来，后来在印度海岸出现了罗马人的贸易站。早在两千多年前，印度就处于丝绸之路贸易网络的中心位置，该贸易网络从陆上和海上将从中国延伸到地中海的欧亚大陆连接起来。印度有大量的纺织品、香料和宝石出口，需要进口白银以支持铸币，也需要进口马匹供武士使用。不管它的统治者是谁，印度基本上是开放贸易的，有些印度人在广布的网络上成为稳固的贸易侨民。即便如此，印度教文明确实有一些与跨海的海外旅行（例如卡拉帕尼，［*Kalapani*］）有关的污名，但这些并没有阻止印度东部和南部与东南亚之间的大规模商业往来，这确实是印度的文化、政治观念与制度传播到东南亚的基础（Spruyt, 2020: 253-324）。

中国的情况则有些不同。它与其他文明中心之间的距离比它们彼此之间的距离更遥远，在经济上，它在很多方面都是自给自足的。即便如此，像印度一样，它有很多东西可以出口（丝绸、茶叶、瓷器），同样也需要进口白银和马匹。然而，中国历代政府对海外贸易的态度相当不稳定。它们在政治上将其与所谓的朝贡体系联系起来，在这种体系下，贸易服从于政治承认的过程，并被理解为嵌入类似于宗主国和藩属国关系中的礼物交换。虽然朝贡贸易是仪式性和限制性的，贸易代表团的数量有限，货物交换只能通过中国政府的官方代表进行，但由中国个体商人进行的非官方贸易依旧繁荣，即使在官方贸易暂停的情况下也是如此。中国可以也确实阻止了官方贸易，既包括选择性的，比如反日（Buzan and Goh, 2020: ch. 6），有时也包括更普遍的那些。当它这样做时，它在沿海遭遇到"海盗"问题。贸易与其说是停止了，不如说由被允许变成被禁止了，这意味着商人有时不得不成为走私者或海盗。这种介于商人和海盗之间的灰色地带在欧洲近代早期的实践中也很常见。

中国官方对贸易的傲慢态度，或许可以从18世纪晚期乾隆皇帝对乔治·马戛尔尼率领的、向其展示英国工业技术成果的英国贸易代表团做出的著名回应中得到概括：

> 奇珍异宝，并不贵重。尔国王此次赍进各物，念其诚心远献，特谕该管衙门收纳……无所不有，尔之正使等所亲见。（引自 Kissinger, 2011: 41）

然而中国人并非"无所不有"。几个世纪以来，印度洋上的印度、中国、穆斯林和犹太商人之间的商业交往是如此频繁和广泛，以至于在实践中形成"海洋自由"（freedom of seas, Alexandrowicz, 1967: 65），虽然海洋自由论（*Mare Liberum*）的理论学说是由荷兰学者胡果·格劳秀斯提出的。

蒙古人受到佛教和伊斯兰教信仰的影响，以重视国际贸易而闻名。在建立世界历史上最大的陆地帝国之后，蒙古人重建并扩展了连接东亚、中东和欧洲的陆上丝绸之路，使其成为一个拥有道路、桥梁和中继站的庞大经济网络，并为商人和旅行者提供安全保障。驿站（*Ortoo*）系统得以发展：每隔30公里就有一处，允许旅客休息、用餐和交换。蒙古人建造的桥梁可以让商人自由通行。他们对国际贸易的贡献还包括货币和重量的标准化。这个体系的一端是中原王朝，它是蒙古人的经济和制造业体系的枢纽，也是世界上最大的经济体。另一端是西欧，当时西欧正处于现代资本主义经济发展的早期阶段。征服中原王朝后，蒙古人推翻了儒家重农抑商的原则（Ringmar, 2019: 118）。蒙古经济网络的一个关键要素是环环相扣的经济关系体系，被称为"份子"（*Khubi*）体系（Ringmar, 2019: 116），它存在于帝国的四个部分，东部的元朝（北京），中部的察合台汗国，西南的伊儿汗国（中亚和伊朗），以及与罗斯接壤的西北的金帐汗国。蒙古帝国的基础设施和交通网络不仅成为东西方贸易的主要通道，而且还将中国的火药、指南针、造纸和印刷术等创新技术传入欧洲，对欧洲的经济崛起至关重要。

毫无疑问，古典世界对贸易的兴趣和接纳大多体现为重商主义的态度。贸易是为追求本地利益而进行的，授权、追求垄断和给予商人行会其他特权是常见的做法，而把市场作为一种可能使所有参与者受益的一般运作原则的自由主义理解或追求是不存在的。但在前现代欧洲也是如此，重商主义学说意味着贸易主要被认为是一种零和博弈，其目标是实现出口顺差，从而使货币净流入国内。欧洲，至少是荷兰和英国，在19世纪早中期才完全从重商主义转向自由主义、正和的贸易和金融观。很难说如果其他文明走在工业化的前列，它们的政治经济学思想和实践会有怎样的发展。但似乎很明显的是，印度和伊斯兰文明本身就在历史上对贸易持积极的态度，认为贸易不仅是世界秩序的重要组成部分，而且是一个大体上应该被允许自行组织和运转的领域，同时应得到它们的公共产品（港口、灯塔、驿站）的支持，并在一定程度上受到监管和征税。在某种程度上，许多文化都很愿意接受贸易应与战争和政治分开的观点。在这些文化中，独立商人、自主贸易的侨民和商业城市的传统是强大的。伊斯兰文明对商人阶层的态度可能要比印度教或基督教文明更友善，后两种文明都没有把商人置于社会等级的高位，尽管它们宽容和利用商人的活动，并发展出巨大的、广泛和平的贸易网络。当欧洲从15世纪开始出现这种情况时，欧洲人最初以胁迫方式换取收益，后来诉诸彻头彻尾的帝国主义。

中国是一个例外。虽然儒家思想同样没有把商人排在社会秩序的前列，但中国贸易和金融实践的主线更倾向于政府控制，而不是允许独立的商人活动。中国经常允许外国商人进行海外贸易，并试图且通常成功地对他们进行了严格控制。通过将贸易作为朝贡体系的一部分，中国以一种既不似前现代西方的做法，也不像印度教和伊斯兰文明的做法，使贸易与政治纠缠在一起。这一中国传统的长期影响在当今的商业实践中仍然非常明显。

我们的三个案例表明，正如西方的情况一样，长途贸易是许多文明根深蒂固的特征，而且足够自治，不管政治当局是促进还是限制，都可以继续发挥作用。在西方主导国际关系学科发展的时期，人们一直试图在贸易和金融领域建立一个全球市场。这经历了诸多起落：19世纪自由主义成功取代了重商主义；两次大战时期出现倒退和保护主义；1945—1971年布雷顿森林体系下一部分重新开启；以及从20世纪80年代开始，对贸易和金融领域的经济全球化的新自由主义追求相当强烈（Buzan and Falkner, forthcoming）。现在我们似乎正进入一个经济民族主义时期，以应对新自由主义时期的过剩和危机，尤其是金融方面的。我们的案例表明，即使深度多元主义以一种有争议的形式出现，其中经济民族主义和民族主义通常发挥强大的作用，具有更悠久历史和跨文明根源的贸易愿望仍将强劲。该问题将再次成为一个平衡问题：如何在无须忍受金融自由化的不稳定性，或社会内部认为外部经济渗透正在以不可接受的程度破坏和动摇它们的情况下，获得贸易利益。这种平衡在不同的文化中可能存在差异,更广泛意义上的自由主义将更多地成为差异而不是共同点的来源。这将是一个寻求促进贸易的全球政治经济所面临的挑战,它既承认文化差异和资本主义的多样性,又以某种方式遏制全球金融过剩,同时仍使其能够支持贸易。

领土权 / 跨国主义

领土权和有清晰边界的国家的观念是西方国际关系学的主要基础。因此,现代国际关系学理论倾向将帝国边缘化,并在很大程度上遗忘了帝国领土的模糊性,以及帝国采用分级的边疆区而非清晰的边界的做法。同样的偏见意味着,现代西方国际关系学理论将非国家行为体的跨境活动主要构建为"跨国主义":这种活动只发生在一个由紧密接壤的领土国家构成的体系/社会的主导框架内。因此,主流的现代国际关系学承认跨国主义,但主要是作为国家体系的附属品,而不是普遍地作为可能独立于它甚至是替代它的东西。[3]

这一观点与世界历史,包括西方历史和其他地区历史的大部分内容,都不太相符。作为观念的跨国主义在很多时空中的确很有效。"非国家行为体",无论是商人、传教士还是移民,通过或围绕现有的政体结构(无论是王国、国家还是帝国)展开活动并编织网络,是常见的做法。想想前一节讨论的贸易移民群体;

---

3 一个罕见的例外是 Bull(1977: 264–281)。

或基督教和佛教的传教士及传教活动；或天主教会；或16世纪以后许多欧洲国家的殖民者。事实上，非国家行为体所形成的大型自治网络，这种意义上的跨国主义或许是前现代世界秩序的一个更显著的特征。前现代国家和帝国通常出于非常有限的目的（征税和维持和平）寻求对其臣民的控制，虽然它们显然有领土权的意识，但比起在威斯特伐利亚时期欧洲出现的，并在19世纪与现代国家相结合的那种领土权意识更宽松、更灵活。

然而，跨国主义的概念本身就假定政治的领土权是世界秩序/国际关系中的主导规范，而这显然既不是必然的，在实践中也并非总是如此。例如，思考一下后罗马时代的欧洲，那里的天主教会在相当长的一段时间里是一个强大的机构，足以与那个时代和那个地方的弱小、短命的王国相抗衡，甚至地位居于它们之上。或者想想最初的倭马亚阿拉伯帝国和阿拔斯阿拉伯帝国之间的伊斯兰世界，以及后来操突厥语民族统治的三个帝国时期。这是伟大的伊斯兰旅行家伊本·白图泰和伊本·赫勒敦的时代，他们的生活证明了从西班牙延伸到中国的"跨国"伊斯兰乌玛的功能性现实，这比其中来了又走的短暂的国家结构更重要。或者想想伟大的宗教是如何广泛传播的。当然，基督教和伊斯兰教的到来有时伴随着刀光剑影。但伊斯兰教、基督教、佛教和印度教经常自发地沿着贸易路线和平传播，它们通过树立榜样和说服而非刀剑来使教徒皈依。佛教在这方面尤其突出，它在整个东亚广泛传播，而且是在阿育王之后没有任何国家支持的情况下做到的。中华文化有时也在很大程度上通过自愿效仿而传播，中国的"天下"概念在某种程度上可以被理解为一种构建无边界的非领土世界的方式,在这样的世界中可以出现这种传播。西方文化最终围绕着政治主权、民族主义和清晰领土权的观念而具体化,但这并不是世界秩序/国际关系的唯一可能模式。伊斯兰文明和印度教文明更多地是围绕着强大、自治的社会结构原则组织起来的,这些社会结构都能自我复制,而无须考虑相伴随的政治框架:乌玛和种姓制度。[4]

那段历史为思考世界秩序/国际关系提供了一个不同于现代国际关系学理论的起点。在目前由西方主导的世界秩序向深度多元主义转变的关键时刻,领土权和跨国主义都在加强。中国正在带头重申清晰领土权,以应对新自由主义全球化的过度渗透。与此同时,互联网正在促进各种形式的自主跨国网络,包括文明的和不文明的。很难预测这样的混合将会如何展开。经济危机和环境危机似乎强化了二者。在一个日益被共同命运的危机所主导的世界中,从气候变化和疾病,到太空岩石,再到人工智能"奇点"和恐怖主义,领土权和跨国主义之间的平衡和混合可能会变得更加突出,从而使国际关系学远离其领土主义的基础。如果这种情况发生了,那么在如何看待这种混合的问题上,我们可以从印度、伊斯兰世界和欧洲汲取大量的历史资源,尽管中国的资源较少。布尔著名的但相当以欧洲为中心的"新中世纪的"(neomediaeval)社会政治结构的观念只是建立在欧洲历史上,但它可以被扩展和重新贴标签,成为全球国际关系学的概念。

---

4 关于种姓制度作为一种社会结构,使许多不同的"国家"能够共存的辩护,参见 Tagore(1918: 68-93)。

思维模式

　　国际关系学不仅包含关于世界秩序要思考什么，还包括如何进行思考。本体论、认识论和方法都是该领域争论的重要组成部分。在这个维度上，文化遗产在世界秩序、外交和国际关系思考的一些领域发挥了强大的作用：理性主义（也与宗教有关）、关系主义、辩证法和性别。国际关系学作为一个场域已经见证了诸多认识论的辩论。其中之一是在"科学的"与"经典的"方法之间的辩论，通常被称为国际关系学的第二次"大辩论"，最著名的辩论与赫德利·布尔（1966）和莫顿·卡普兰（Morton Kaplan, 1966）有关。与此相关，国际关系学也见证了关于知识是如何产生的和科学哲学的争议。总之，理性的、世俗的理解，解释和行动的重要性，相对于那些由信念、迷信或对超自然的信仰所驱动的东西的重要性，一直是国际关系学的一个主要争论点。

　　正如第三章所述，杰克逊（2010: 196）在呼吁扩大国际关系学认识论的同时，仍然认为某些东西若是合乎"科学的"，"它必须旨在产生世俗的知识"。但什么是"世俗的知识"呢？这似乎排除了从宗教信仰体系和圣典中获得的知识，在这些知识中，人类或国家行为的起因，包括战争与和平的起因、国家和帝国的兴衰、外交和联盟的成败，都可能归因于神的阴谋。

　　事实上，著名国际关系学者罗伯特·基欧汉（Robert Keohane, 1988: 380）曾将国际关系学共同体描述为"启蒙运动的孩童"（children of Enlightenment）。但他所持的国际关系学研究者普遍渴望理性的观点，可能会受到质疑，尤其是当人们透过关系的视角观察世界政治时，正如我们在中国学者秦亚青作品的语境下所讨论的那样。此外，正如霍布森（2004: 7）所表明的，启蒙时期欧洲的作品倾向于将非西方社会视为"非理性的"（及异域的、专制的、不成熟的、被动的和女性化的），而西方社会则相反：理性的、文明的、成熟的、先进的、进步的、有活力的和男性化的。与西方的"现世主义"（this-worldliness），包括它所强调的自然和理性的因果关系及基于成本-收益盘算的政治行动，所形成对比的是，非西方社会被定义为"来世的"（otherworldly）或非理性的（韦伯意义上的魅力型和传统主义），其政治概念和制度强调神明或上天的起源，以及国家和统治者的操纵。这种观点或含蓄或直白地指出，西方（及被认为是西方文明先驱的古希腊人）主导了理性思想的发明，拒绝神明的创造，强调自然进化和人类的施动性。

但正如我们已经指出的，这种对西方和东方的刻板印象与二分的看法是错误的。所有文明都比这种二元论更折中，包含着关于神圣和非神圣的理性因果关系的观念。对理性和因果的解释可以在佛教、印度教、中国哲学和伊斯兰哲学中找到，正如在西方文明，包括西方宣称是它的祖先的希腊罗马文明中，都存在关于世界政治的神的因果关系、迷信和精神主张（Bernal, 1991; Braudel, 2001: 259）。用伦纳德·科特雷尔（Leonard Cottrell, 1957: 179）的话说，关于希腊文明在"现代思想中最令人困惑的矛盾"，"是在它们的理性思维能力和对我们所认为最严重的迷信的坚持之间"。

正如我们已经讨论过的，一些印度教哲学流派，例如数论派，是坚定的理性主义者，拒绝宇宙的神性起源，而接受进化的观点。此外，印度国际关系学者已经开始探索非二元的认识论或"不二论"（Advaita）的地位，它拒斥国际关系学西方理性主义认识论中的主体-客体、科学-形而上学、内部-外部和理性主义-反思主义的区分（Shahi and Ascione, 2016）。同样，我们也讨论了由伊本·路世德引领的伊斯兰哲学家在亚里士多德的"世界永恒"学说传播到近代早期欧洲之前，对它的复兴和扩展。伊斯兰教的伊智提哈德*理念也提供了一种理性主义和个人主义的认识论，佛教的整体世界观也是如此。

除了世俗的理性主义，其他文明中的认识论也有一些独特的方面。第四章讨论的关系主义和中国的中庸辩证法的案例在这里尤为重要。是否可以说，如果国际关系学是在东方发明的，它可能更强调关系性，或者至少不那么沉溺于理性？尽管主要借鉴了中国哲学，但秦亚青（2011, 2018）证明了由于理性主义和关系主义在东西方的国际关系学与实践中都存在，它们相互重叠，足以融合。秦亚青的论点是关于整个东方社会的，而不仅仅是中国。他认为，西方理性主义和东方关系主义在处理社会关系的方法上存在着巨大差异，这些差异显著地影响了外交的开展和国际社会的管理。[5] 理性主义的风险是将所有的关系简化为纯粹的个人主义盘算，缺乏道德、信任或人际关系的变化。在集体主义的

---

* 原书第144页此处的"Itjihad"拼写有误，应为"Ijtihad"。——译者
5 关于秦亚青对于关系主义亚洲的理解如何与西方国际关系学的关系主义相互关联的讨论，参见 Qin（2018）和 Jackson and Nexon（2019）。

社会框架内,关系主义更多是关于人际关系过程中的信任和义务。个体不被理解为一个独立的主体,而是关系网络中的一个节点。一个人在这些关系网中的地位和行为大体上定义了他们:关系造就人,而不是相反。关系逻辑在某种程度上解释了为什么在儒家文化中,权力的实际持有者不一定是身居高位的人:例如日本的田中角荣和小泽一郎(Murphy, 2014: 277–313)。

作为一种思维模式,中庸辩证法的一个明显意义在于它对社会矛盾的看法。在西方人看来,矛盾基本上是不可持续的。如果社会不想陷入混乱,它们制造的紧张关系就需要得到解决。但在中国人看来,正如阴/阳符号所清晰表现的那样,矛盾是社会存在的自然状态。矛盾在形式和意义上都有变化,而且需要加以处理,但它不会消失。从某种程度上说,中国人的思维模式比西方人的思维模式更能从容应对矛盾。一个例子就是儒家文化可以非常轻松地将不同的宗教进行调和,而这种方式对大多数西方人来说似乎是矛盾的(Braudel, 1994 [1987]: 171–172)。

这对外交政策产生了潜在的重要影响。例如,值得注意的是,现在的中国政府主张建立"和谐关系",但在领土或其他事务上也会采取强势立场。一方面,新崛起的中国应该在其所在地区占据重要地位,另一方面,中国又是威斯特伐利亚主权平等和不干涉价值观的最有力捍卫者。西方分析人士经常把中国外交政策的不一致性视为一个需要专门阐释和解决的问题,他们可能有一定道理。这个问题是因为中国外交政策的去中心化结构给了许多行为体发声和行动的机会;还是因为党的领导人缺乏事业上的动力去参与外交而不是国内的政治事务？[6]但从中国的角度来看，寻求相互矛盾的政策可能根本不像是一个问题，只是应对复杂局势的正常方式，在这种情况下，政策需要在长期矛盾中不断调整。如果尤锐（2012）所持的当下中国正逐渐变得更像中国传统治理形式的现代版本的观点是正确的话，那么这个观念将会得到加强。因此，我们的案例研究表明，外交政策分析人士需要更少地关注纯粹理性主义的解释方式，而更多地关注在不同文化中如何思考这些事情的哲学含义。在一个由深度多元主义和本土文化权威回归所定义的全球国际社会中，这些差异将会更加重要。

关于性别视角的问题，我们必须从以下事实开始：我们的三个案例研究中的所有社会都是基于人类不平等的大原则的，就像20世纪之前的西方社会一样。在这种情况下，所有主要的前现代宗教和政治哲学都将女性视为地位相当低下的人，[7]尽管宗教之间和宗教内部有显著差异，这取决于宗教传播和嫁接的种族和文化背景，特别是与原先存在的母系社会有关。[8]因此，性别作为思考世界秩序的一个方面进入国际关系学的时间相对较晚，它首次出现在第一次世界大战和两次世界大战之间的年代，在1945年之后被遗忘，直到20世纪80年代才持续重现（Acharya and Buzan, 2019: 94, 141, 239-241）。因此，直到最近，西方还和所

---

6 关于中国外交政策前后不一致的各种原因，参见 Buzan（2010）; Wang（2011）; Odgaard（2012: 2-4）; Shambaugh（2013: 61-71）; Garver（2016）; Ren（2016）。
7 关于父权制如何成为农耕文明普遍特征的精彩历史分析，参见 Lerner（1986）。
8 例如，安东尼·瑞德（Anthony Reid, 1988: 629）认为，尽管东南亚社会借鉴了印度和中国的文化，但与印度教的印度或儒家思想的中国相比，东南亚社会在更大程度上保持了"相对较高的女性自主权与经济重要性"。

有前现代文明一样，在政治领域对女性抱有敌意。例如，汤斯（Towns, 2009, 2010）记录了19世纪西方社会系统地将妇女排斥在政治之外的情况。尼扎姆·莫尔克（2002: 176-184）展现了前现代的态度。他用整整一章的篇幅来贬低政界的女性，即认为她们智力低下，应该远离权力和决策。他建议，如果女性在这些事情上提供建议，接受建议的人应该做相反的事情。如果我们的任何一个案例而不是西方，成为国际关系学中的主导文明，我们无法断言人们对待性别的态度会不会发生改变，但有理由担心，政治上被重新赋权的当代印度教、伊斯兰教、儒家思想，乃至基督教，对两性平等的态度仍普遍不友好。随着自由主义权威的衰落，这种思想重新获得了力量，这个问题将成为全球国际关系学的一个难题。

迈向全球国际关系学

我们已经展示出，国际关系学理论中的许多关键概念和思维模式都有多种起源，这可以从早期文明的文本和实践中得到证明。明确这些多重起源将该学科的大部分理论工具与其所谓的西方起源分离开来，应该会极大地促进全球国际关系学的发展。它在国际关系学理论思考中开辟了一条更加多元化的、具有普遍性的路。西方可能已经将这些思想结晶为它们当前的形式，并赋予它们当前的标签，但它们还有更深层次的理论与实践的共同遗产。我们拒绝任何具有普遍性的概念只是或主要来自西方的假设，或者西方的观念是更普遍的，而非西方的观念是"相对主义的"假设。需要记住的是,"西方"和"非西方"是现代的便利辞,我们反而认为,在这两个范围内都可以找到具有普遍性的概念。现代国际关系学理论认为主要源于欧洲或西方的一些思想和制度,实际上在多个文明中都能找到。它们包括无政府体系(一个没有居高临下的中央权威的国家体系),在希腊、印度(孔雀王朝之前的列国时期)、中国("战国")和玛雅文明之前,苏美尔就存在这种体系。在很多情况下,普遍秩序是在我们所说的"西方"之外开创的;例如苏美尔和埃及的普遍王权观念,亚述及最明显地体现在波斯的普遍帝国观念。

将非西方的声音、历史和政治理论引入全球国际关系学,将会充实国际关系学内部的一些思想和理论思路,改变其他思路的平衡,并打开一些现在还很薄弱的思路。在有相似之处的情况下,对这一具体分析而言,它们是否源自西方国际关系学从早期文明中借鉴的一些思想并不重要,尽管对于建立更加全球性的国际关系学科来说,正确给出起源和评价当然很重要。

或许最普遍的相似之处是围绕着权力政治的观念。所有文明中都有围绕这一观点的思想和实践传统,使之成为世界秩序/国际关系中的一种普遍性。等级制同样普遍,但与现代国际关系学缺少紧密的联系。欧洲历史的特殊性意味着,作为处理世界秩序/国际关系的理论和实践基础,等级制从属于无政府状态/主权平等。除欧洲之外的所有前现代文明,在思考世界秩序/国际关系时都把等级制放在中心位置,这意味着不同于权力政治,现代国际关系学和其他文明的古典来源之间在这方面有更多的脱节。西方国际关系学中存在一种等级制/秩序思想,但它是相对边缘的（Watson, 1992, 1997; Lake, 2009; Clark, 2009, 2011）。这里特别有趣的是，在前现代的（普遍帝国）和现代的（世界政府、霸权稳定论）等级制思想中，等级制与和平共处之间联系紧密。虽然关于和平共处本身的一系列思想也很普遍，但它与等级制的紧密联系有可能削弱现代西方国际关系学的无政府根基，并更多地转向这样一种理解，即等级制是问题也是机遇，特别是如果它可以建立在共识而不是强制的基础上。

伊斯兰文明和印度教文明的思想与实践普遍接受贸易是世界秩序/国际关系中重要和可取的方面，在某种程度上与政治无关。从表面上看，这应该会强化西方国际关系学自20世纪70年代以来对国际政治经济的重新发现，特别是考虑到古代和古典世界的贸易往往是由商人和统治者之间确保垄断权的交易来确立的（Ogilvie, 2011: 41-93）。中国是一个例外，它在贸易方面的政治传统更加谨慎和保守。中华文明对贸易的政治观点体现在它官方的朝贡体系中，该体系有独特的仪式和规则，也有大量不规范或私人的贸易。在中国，既不存在把对外贸易视作为了整体利益而应被鼓励之事，从而全盘接受它的情况；也不存在把贸易与政治分开的意愿，除了贸易者纳税以换取保护的义务之外。中国将贸易政治化，有时禁止贸易，有时拒绝提供保护，尤其是对海上贸易。除了少数几个例外，中国的偏好是自给自足。当中国进行贸易时，它主要感兴趣的是出口以换取现金，尤其是白银，并保持巨大的贸易顺差。这些传统如何融入当代中国人的思想和实践是一个重要问题。

在领土权/跨国主义的主题中，正如等级制一样，我们发现了一种不平衡。现代西方国际关系学非常强调领土权／主权，并把跨国主义排在其后。但是，在伊斯兰文明、印度文明和中华文明的思想与实践中的许多方面，不仅仅是偏离了领土权／主权，而且提供了它的替代品。中国的天下，伊斯兰文明的乌玛，以及佛教和印度教从印度到东亚的和平传播，都提供了质疑仍然在主流国际关系学中占主导地位的领土权／主权和国家中心路径的实质性思想与实践。

在思维模式方面，既有重要的相似之处，也有潜在的深刻差异，这将影响全球国际关系学的构建。主要的相似之处是所有文明都有一种理性主义的思维。由于美国及其社会科学中具有的很强的实证主义传统对现代国际关系学的影响非常大，理性主义仍然是主流，这确实提供了一些共同点。但随着全球国际关系学的发展，对当前主流的重要挑战者可能会出现。秦亚青以关系主义和中国辩证法的形式确定了其中的两个。关系主义可能强化西方国际关系学中现存的后结构主义。中国的辩证法似乎开辟了一个关于社会关系完全不同的本体论，既包括国际关系，也包括人际关系。

归根结底，最大的问题或许是这一切如何影响到英国学派提出的世界秩序／国际关系的核心动力：多元主义和社会连带主义。世界秩序／国际关系是建立在尊重差异和集体应对共同命运问题的基础上，还是建立在追求某种宗教或世俗的同质化愿景的基础上？我们在这里看到的包括西方文明在内的所有文明，都遇到过这个问题，并在不同时期以不同方式处理它。现代西方以一种独特的、优越的自我观作为开始。尽管它长期以来从域外借鉴了很多东西（通常不承认这一点），但它对伊斯兰文明持零和态度，将其视为欧洲的"他者"。19世纪，欧洲炮制了"文明标准"，并开始了同质化使命。现代西方的态度至少部分地承认，并在一定程度上宽容多元主义国际社会中由主权平等确立的差异。尽管西方自由主义的自我形象是宽容的，但它却促进了一种目的论，即所有人都注定要变得像西方人一样。在实践中，自由主义迅速并且通常是暴力地反对任何威胁其价值观（市场意识形态、人权）或其政治、经济和文化融合的目的论的挑战者。一个衰落的西方是否能够找到必要的宽容和尊重，以便在一个权力、财富和文化权威都更加分散的深度多元主义世界中共存，是未来的一个关键问题。

与中国和伊斯兰相比，印度一直是内部更加多元主义的文明，尤其是在宗教和政治构成方面。印度是多个宗教的发源地，包括印度教、佛教、耆那教和锡克教，它还曾长期处于穆斯林统治（如德里苏丹国和莫卧儿王朝）之下，考虑到它历史上的宗教和政治的多元主义，印度很难被一概而论。印度孔雀王朝之前的列国时期是一个"无政府"国际体系的一部分，很可能是在英国学派意义上的"多元主义"的基础上运作的。本书在第三章讨论过阿育王对未征服领地的态度和他的达摩学说，这暗示了一种强有力的宗教和政治宽容政策，也符合多元主义的国际秩序。但是，当涉及对其他文化的宽容时，即使同一个王朝的不同印度穆斯林统治者也有显著不同：莫卧儿皇帝阿克巴对印度教徒的宽容政策，与他的曾孙奥朗则布对印度教徒和锡克教徒臭名昭著和残酷的不宽容政策形成鲜明对比。特别是印度教印度，它通常抵制同质化，但与其他文明一样，这在不同时代和不同王朝中有所不同。例如，印度教民族主义和现在执政印度的人民党政府的复兴主义，与后殖民时代的印度对世俗主义的明确接受是相当不同的，后者由甘地、尼赫鲁倡导并被载入印度宪法。

长期以来，伊斯兰文明一直在宽容（和税收）差异的多元化冲动和通过说服或武力使人皈依的同质化冲动之间挣扎。现在它仍然是这样分裂的。它在宗教和政治上仍然是极度分割的，两者有时会相互加强，民族主义附带的复杂性也成为分裂的另一条线索。在可预见的未来，伊斯兰将缺乏一个强大的国家来代表它在全球国际社会中的最高地位，取而代之的是一群试图扮演这一角色的中等国家（如埃及、印度尼西亚、伊朗、巴基斯坦、沙特阿拉伯和土耳其）的竞争。

中华文明似乎更倾向于同质化，即使如此，它的实践也是为了营造中国人会接受差异的空间，但并不想接纳异族文化，只需要他们承认中央王国的至高地位和适当地顺从皇帝。中国仍在努力适应现代性（Buzan and Lawson, 2020），努力去理解（如果不能调和的话）威斯特伐利亚主权平等与不干涉原则，以及作为"中央王国"凌驾于其邻国之上的传统观念这两者之间的共时性联系。

传统中国的思想和实践确实为应对核心文明区外的外部国家提供了资源，就像伊斯兰和印度的那样。但与无政府主义的西方的极端案例不同，这些资源弱于支持世界秩序和国际关系等级制愿景的资源。在现实世界的实践领域，这种情况指向阿查亚和布赞（2019: ch. 9）概述的竞争性深度多元主义（contested deep pluralism)。随着现代性的传播越来越广泛,旧的"大国"(美国、欧洲、日本)在物质上相对衰落。它们的意识形态也在衰落:既要应对资本主义危机,又要应对国内日益高涨的对自由主义意识形态的不满,因为自由主义意识形态似乎更好地为富人服务。印度等新兴国家逐渐形成排外的文明主义外部观(和内部观)。它们一方面试图使自己的大国地位被接受,另一方面又继续坚持发展中国家的地位。因此,尽管原因各不相同,但所有大国都在朝着自我中心(self-obsessed)的方向发展,既不相互尊重,也没有多大兴趣承担起管理全球国际社会的责任。

在国际关系学理论的更抽象和规范上更开放的领域,情况更加灵活。虽然全球国际关系学在相当长的一段时间内必须承认竞争性深度多元主义的现实,但它也可以为嵌入式深度多元主义(embedded deep pluralism)提供可能性,并寻找通往它的道路(Acharya and Buzan, 2019: 261–284)。在嵌入式深度多元主义之下,大国至少会尊重和承认它们之间的文化和政治差异,甚至可能会重视它们。国际关系学也需要这样做。可以说,正如基因多样性能带来力量一样,作为人类历史遗产的文化多样性也是如此。必须坚决放弃自由主义等思想的目的论的同质化愿景,或者任何其他类似的愿景。大国和更广泛的全球国际社会可能也会认识到,它们面临着日益加剧的共同命运问题,从气候变化和疾病传播,到污染和太空岩石的威胁,再到移民、网络安全及全球贸易和金融的管理等问题。无论它们对彼此的看法如何,这种情况都会造成一种持续性的压力,需要一种功能性合作来分别处理这些与人类生存息息相关的共同命运问题,即使是在缺少普遍接受的政治（民主与集权）或社会（个人主义与集体主义）价值观，遑论全球政府的情况下。

在这本书中，我们至少勾勒出了历史上印度、中国和伊斯兰世界有关世界秩序和国际关系的思想与实践。我们已经将它们与欧洲的思想和实践相联系，后者在很大程度上对现代国际关系学理论和实践的建构负有责任。我们希望，这项工作通过展示欧洲的思想和实践在多大程度上借鉴了世界其他地方的早期思想与实践，或者与之并行不悖，为地方化欧洲做出了贡献。这项工作也显示出基于欧洲历史和思想的国际关系学向无政府状态的极端倾斜，并证明了将西方以外的更广泛实践和思想引入全球国际关系学是合理的，这些实践和思想在现代国际关系学的创立过程中被遗忘或压制。本书得出的一个结论是，正如我们所预料的那样，在我们所探究的所有关于世界秩序/国际关系的思想传统中，物质因素和观念因素都在发挥作用。另一个结论是，尽管在风格和重点上存在诸多差异，但世界秩序/国际关系似乎确实存在某种结构性特征，无论在哪里，都会产生类似的思想和实践。虽然存在明确的同质性，但它并非压倒一切，而是为显著的（和有用的）差异留出了空间。在不同时间和地点做出的选择可能是不同的，但是在很大程度上，这些选择的本质和框架在广义的国际关系学术语中是有意义的。

这就引出了第三个，也是更务实的结论，即全球国际关系学的构建可能并不像想象中那样困难。这并不像人们所担心的那样，是一个如何将一套高度多样化和互不相容的历史与理论结合在一起的问题。我们在思想和实践方面的大量研究显示出了共同点。在重点和关注点方面当然存在着实质性差异，而且有些观念和概念是现有词汇之外的。但这些差异很多都可能与国际关系学现有的思想和理论思路相结合，扩展、丰盈和补充它们，并以各种方式挑战它们。进入"西方国际关系学"的很多内容都来自西方之外，从我们的分析中可以清楚地看出，如果西方国际关系学不仅考虑其他文明的历史和思想，而且更多考虑19世纪之前的西方历史，那么它将很容易看到当时西方在许多方面与世界其他地方的差异不大（即同样具有父权制的、王朝的、蓄奴的、宗教的文化，具有更开放的领土意识）。

正如我们之前所说的（Acharya and Buzan, 2019），全球国际关系学不会也不能取代现有的国际关系学理论。与此同时，它并没有让它们保持现状，而是向它们提出挑战，以让它们在世界历史中站稳脚跟，并吸收非西方文明和国家的声音、经历与贡献。

一些西方学者将借鉴非西方历史进行国际关系和区域研究的工作视为"文化主义"（culturalism）或"文明主义"（civilizationalism），并坚持认为必须将此类工作融入"全球现代性"的话语之中（Dalacoura, 2020）。然而，"全球现代性"这一概念本身在西方帝国主义和支配地位的基础上就相当有问题。我们的立场是，非西方社会的思想和制度值得以它们自己的方式得到研究。当然，涉及不同社会及其与仍由西方主导的国际关系学理论的关系的比较研究，是受欢迎的；事实上，这正是我们在这本书中所做的。但是这样的工作不应该被期望符合某种武断的"现代性"概念。全球现代性不应成为一种托辞，以重申单一的、由西方主导的"现代性"理念，同时拒绝或边缘化来自非西方世界的社会和学者的思想与声音。就全球国际关系学而言，不存在这种源自欧洲的"全球现代性"，但是存在 S. N. 艾森斯塔德（S. N. Eisenstadt, 2000）等人所说的"多重现代性"（multiple modernities）。所有文化都会因遭遇现代性而改变，就像欧洲一样，但正如罗森伯格（2010, 2013, 2016）的不平衡与综合发展理论所表明的，所有文化都找到了自身应对这种遭遇的独特方式。

事实上，全球国际关系学的目标从一开始就恰恰相反：拒绝"文化例外主义和地方主义"，包括"将我者的群体（社会、国家或文明）的特征展现为同质的、独特的和优于他者的倾向"（Acharya, 2014: 615）。正如阿查亚（2014: 651）在阐述全球国际关系学理念时所意识到并警告的那样：

> 真正的全球国际关系学必须避免文化例外主义和地方主义……关于例外主义的主张经常失败，不仅仅是因为国家、区域和文明内部的文化和政治多样性。这些主张反映了统治精英的政治议程和目的，如"亚洲价值观""亚洲人权"或"亚洲民主"等概念——批评者正确地将这些概念与威权主义联系在一起。同样，例外主义常常为强国对弱国的支配辩护。美国的例外主义在国内看似温和并受欢迎，但在门罗主义及其自私自利的全球干涉主义中得到了体现。日本战前泛亚话语的一部分——建立在"亚洲人的亚洲"的口号基础上——也说明了这一趋势。一些援引中国朝贡体系作为新的国际关系学中国学派的努力也引发了类似的可能性。

虽然西方和非西方（the West and the Rest）都存在着为了国内"消费"与某个外交政策手段而炫耀和利用文明成就的诱惑，但西方学术界，无论是主流理论，还是具有普遍性的批判理论，都将国际关系学中的非西方声音称作"本土主义的"（nativistic）或"族群主义的"（ethnicist）（Alejandro, 2018: 182）[9]并予以攻击，这可能会成为阻止非西方学者参与国际关系理论的另一种方式，也会成为反对研究自身文化和文明以挑战国际关系学深刻而持久的欧洲中心主义的另一种武器。

事实上，研究非西方历史和文化对国际关系学的去殖民化至关重要，而去殖民化从一开始就是全球国际关系学的一个关键目标。正如埃莉诺·纽比金（Eleanor Newbigin, 2019）所说，历史（或国际关系学，或任何社会科学和人文学科的分支）的去殖民化意味着，探索影响与支配这些学科的思想为何及如何"出现，并继续影响我们对欧洲帝国统治下的世界及此前世界的理解。事实上，要摘掉殖民史的有色眼镜，最基本的部分就是更广泛、更积极地讲授在欧洲帝国之前就存在的看法和世界观，同时思考这些看法和世界观后来是为何及如何被边缘化的。"（表示强调的部分为后加的）。

我们也敏锐地意识到这种风险，即非西方世界的学者试图通过借鉴本土文化（无论是印度、中国还是伊斯兰）中的历史概

---

[9] 在印度，"土著"（native）作为殖民时代印度人的诨名，与懒惰和能力低下有关。亚历扬德罗还把阿查亚利用弗朗茨·法农（Franz Fanon）的工作来构建非西方国际关系学理论的呼吁，作为"族群主义"（ethnicism）的一个例子（Alejandro, 2018: 182）。

念和实践来参与国际关系学理论研究,有时最终可能会为本国政府或好或坏的行为辩护。但情况并非总是如此,风险并非不可逾越。[10] 人们应该始终记住罗伯特·考克斯(Robert Cox, 1986: 207)的名言:"理论总是为某些人和某些目的服务的",这同样适用于西方和西方以外的学者,同样适用于现实主义、自由主义和建构主义等主流理论,以及后现代主义、后殖民主义和反身主义路径等批判理论。

但有许多全球南方学者主要出于学术目的,对本国的历史观念和方法真正感兴趣。[11] 在很多情况下,他们的目标不是赞美所在国政府,而是从他们自己的历史中汲取概念和方法,使他们能与西方同行交流国际关系学理论。全球国际关系学这一课题旨在接纳这些声音,为来自两个世界的观念和经验寻找知识空间,并促进跨文化和跨社会的对话。与此同时,学术-政策纽带

---

10 为了避免文化例外主义,阿查亚(Acharya, 2019: 494)在"国际关系学中国学派"的语境下写道,国家和区域的方法:

1. 应该能够超越它们的来源国(在这里是中国)及其近邻(东亚),并提供一个分析世界事务的更为整体的框架;
2. 应该吸引到来自国内外的大量学者;
3. 应该产生充满活力的研究议程,这意味着它们应该被其他学者,特别是学生和新一代学者接受和应用,以做出他们自己的研究和理论贡献;
4. 应该具有长期性,而非昙花一现;
5. 应与来源国的官方政策保持一定距离。

11 例如,在印度,几位功成名就及初出茅庐的学者——纳夫尼塔·贝赫拉(Navnita Behera, 2007),西达尔特·马拉瓦拉普(Siddharth Mallavarapu, 2009)和迪普什哈·夏希(Deepshikha Shahi, 2014, 2016, 2018, 2020)——都从纯粹的学术兴趣出发,就非西方国际关系学理论和全球国际关系学写作,他们与印度政府没有官方联系,也没有为其外交政策背书。

并不是非西方世界所独有的。在西方，从阿尔弗雷德·齐默恩（Alfred Zimmern）到亨利·基辛格，再到安妮-玛丽·斯劳特（Anne-Marie Slaughter）等学者（这里仅举少数几个例子），都曾参与过政策制定工作，他们有时支持并将他们的政府及其"文明"的政策合法化，而没有被指责为"文明主义者"或"本土主义者"。

在此背景下，我们相信，虽然真正的全球国际关系学可能保留当前国际关系学的一些宽泛类别和论点，但它也通过引入包括印度、中国和伊斯兰在内的其他社会的观念与实践，将国际关系学转变为一门理论基础更丰富、更多元，实证案例更广泛、更多样的学科。全球国际关系学还需要远离它目前所依赖的主要基于西方的世界历史观。它需要做的不仅仅是在以西方为核心的历史中加入其他历史。全球国际关系学需要真正地以全球史为基础，这种历史以人类为中心参照，并能将各种文明置于这一总体框架内。

在拥有更丰富和更多样的基础后，国际关系学的面貌和实践将会变得不同。它可能会呈现出一种更为关系性的、等级制的，还可能是历史/文明的面貌，不仅涵盖认识论，也包括本体论。例如，领土权和跨国主义会进入更深远的历史视角，贸易的半独立角色也将如此。和平共处将必须包含更多的等级制方法，经济民族主义将与国际政治经济学中的自由目的论处于同等地位。思维模式将必须包含更广泛的本体论和认识论。各方面的平衡也可能发生变化，等级制或许与无政府状态处于同等地位，权力政治与和平共处可能更多地被视为相互关联的一对，而不是互为替代的路径，就像秩序与正义一样。考虑到这些共性，所有人共享国际关系学的大厦，可能比人们最初想象的要容易。这将需要比目前明显更多的开放性和共存的意愿，而令人遗憾的国际关系学的"碎片化"在重建和翻新过程中可能被证明是一种优势，而非劣势。这一主题是如此宏大和深刻，它得益于不同方法可以带来的多种视角。这些理论视角就像自然科学中使用的物理透镜一样，每一个都能使某些东西更加清晰，而使其他东西模糊不清。对于那些寻找单一的统一国际关系学理论的人来说，碎片化无疑是一个问题。对于我们其他人来说，这个游戏是一种"多元普遍主义"的（pluralistic universalism, Acharya, 2014）：尝试连接并理解所有这些局部观点之间的互动。

实现全球国际关系学的最大障碍，或许是绕过现存国际关系学架构被打上西方烙印的方式。在这种情况下，关于"文明标准"的紧张局势依旧存在，一些人被迫捍卫它，另一些人则攻击它。一些人，也许是许多人，会对以这种方式进行整合感到棘手，他们倾向于对抗主义而不是参与其中。当然，全球国际关系学将不得不面对由于该学科与殖民主义、种族主义的联系所带来的难题。这些问题总是会引起争议，而对于全球国际关系学来说，这种争议需要成为一个更核心的问题，而不是像现在这样。诸多被双方遗忘的东西，都需要摆到桌面上讨论。事实上，直面和争论殖民与后殖民问题，可能是全球国际关系学构建的必由之路。

参考文献

Aboul-Enein, H. Yousuf, and Sherifa Zuhur (2004) *Islamic Rulings on Warfare*, Darby, PA: Diane Publishing Co.

Acharya, Amitav (2003-4) 'Will Asia's Past Be Its Future?', *International Security*, 28:3, 149-64.

Acharya, Amitav (2004) 'How Ideas Spread, Whose Norms Matter: Norm Localization and Institutional Change in Asian Regionalism', *International Organization*, 58:2, 239-75.

Acharya, Amitav (2011) 'Dialogue and Discovery: In Search of International Relations Theories beyond the West', *Millennium: Journal of International Studies*, 39:3, 619-37.

Acharya, Amitav (2012) *Civilizations in Embrace: The Spread of Ideas and the Transformation of Power*, Singapore: Institute of Southeast Asian Studies.

Acharya, Amitav (2014) 'Global International Relations (IR) and Regional Worlds: A New Agenda for International Studies', *International Studies Quarterly*, 58:4, 647-59.

Acharya, Amitav (2019) 'From Heaven to Earth: "Cultural Idealism" and "Moral Realism" As Chinese Contributions to Global International Relations', *Chinese Journal of International Politics*, 12:4, 467-94.

Acharya, Amitav, and Barry Buzan (2007) 'Conclusion: On the Possibility of a Non-Western IR Theory in Asia', *International Relations of the Asia-Pacific*, 7:3, 427-38.

Acharya, Amitav, and Barry Buzan (2019) *The Making of Global International Relations: Origins and Evolution of IR at Its Centenary*, Cambridge: Cambridge University Press.

Adiong, Nassef M., Raffaele Mauriello, and Deina Abdelkader (eds) (2019) *Islam in International Relations: Politics and Paradigms*, London:

Routledge.

Alejandro, Audrey (2018) *Western Dominance in International Relations: The Internationalization of IR in Brazil and India*, London: Routledge.

Alexandrowicz, Charles H. (1967) *An Introduction to the History of the Law of Nations in the East Indies*, Oxford: Oxford University Press.

Alteker, A. S. (2001) *State and Government in Ancient India*, New Delhi: Motilalal Banarsidass.

Armstrong, Karen (2002) *Islam: A Short History*, New York: Modern Library.

Aydin, Cemil (2018) 'What Is the Muslim World', *Aeon*, 1 August, https://aeon.co/amp/essays/the-idea-of-a-muslim-world-is-both-modern-and-misleading?__twitter_impression=true.

'Backgrounder: Five Principles of Peaceful Coexistence' (2015) *China Daily*, 22 April, www.chinadaily.com.cn/world/2015xivisitpse/2015-04/22/content_20509374.htm.

Baderin, Mashood A. (2000) 'The Evolution of Islamic Law of Nations and the Modern International Order: Universal Peace through Mutuality and Cooperation', *American Journal of Islamic Social Sciences*, 17: 2, 57–80.

Bain, William (2020) *Political Theology of International Order*, Oxford: Oxford University Press.

Bala, Arun (2006) *The Dialogue of Civilizations and the Birth of Modern Science*, New York: Palgrave Macmillan.

Bartelson, Jens (2018) *War in International Thought*, Cambridge: Cambridge University Press.

Basham, A. L. (2004) *The Wonder That Was India*, 3rd ed., London: Picador.

Bayly, Martin J. (2017) 'Imagining New Worlds: Forging "Non-Western" International Relations in Late Colonial India', *British Academy Review*, 30, 50–3.

Behera, Navnita C. (2007) 'Re-imagining IR in India', *International Relations of the Asia-Pacific*, 7:3, 341–68.

Belting, Hans (2011) *Florence and Baghdad: Renaissance Art and Arab Science*, trans. Deborah Lucas Schneider, Cambridge, MA: Harvard University Press.

Bennison, Amira K. (2009) 'The Ottoman Empire and Its Precedents from the Perspective of English School Theory', in Barry Buzan and

Ana Gonzalez-Pelaez (eds), *International Society and the Middle East: English School Theory at the Regional Level*, Basingstoke: Palgrave, 45–69.

Bernal, Martin (1991) *Black Athena: The Afro-Asiatic Roots of Classical Civilization*, London: Vintage.

Boesche, Roger (2003) 'Kautilya's "Arthasastra" on War and Diplomacy in Ancient India', *Journal of Military History*, 67:1, 19–20, www.defencejournal.com/2003/mar/kautilya.htm.

Braudel, Fernand (1994 [1987]) *A History of Civilizations*, trans. Richard Mayne, London: Penguin Books.

Braudel, Fernand (2001) *The Mediterranean in the Ancient World*, trans. Sian Reynolds, London: Penguin Books.

Buckley, Chris (2014) 'Leader Taps into Chinese Classics in Seeking to Cement Power, *New York Times*, 11 October, www.nytimes.com/2014/10/12/world/leader-taps-into-chinese-classics-in-seeking-to-cement-power.html?auth=login-google.

Bull, Hedley (1966) 'International Theory: The Case for a Classical Approach', *World Politics*, 18:3, 361–77.

Bull, Hedley (1977) *The Anarchical Society: A Study of Order in World Politics*, London: Macmillan.

Bull, Hedley (1984) 'The Revolt against the West', in Hedley Bull and Adam Watson (eds), *The Expansion of International Society*, Oxford: Oxford University Press, 217–28.

Burbank, Jane, and Frederick Cooper (2010) *Empires in World History: Power and the Politics of Difference*, Princeton, NJ: Princeton University Press.

Buzan, Barry (2010) 'China in International Society: Is "Peaceful Rise" Possible?', *Chinese Journal of International Politics*, 3:1, 5–36.

Buzan, Barry (2011) 'A World Order without Superpowers: Decentred Globalism', *International Relations*, 25:1, 1–23.

Buzan, Barry (2014a) *An Introduction to the English School of International Relations*, Cambridge: Cambridge University Press.

Buzan, Barry (2014b) 'The "Standard of Civilisation" As an English School Concept', *Millennium*, 42:3, 576–94.

Buzan, Barry (forthcoming) *Global Society: An English School Structural History of Humankind since the Ice Age*.

Buzan, Barry, and Robert Falkner (forthcoming) 'The Market in Global International Society: A Dialectic of Contestation and Resilience', in Trine Flockhart and Zach Paikin (eds), *Rebooting Global International*

Society: Change, Contestation, and Resilience, ch. 11.
Buzan, Barry, and Evelyn Goh (2020) *Rethinking Sino-Japanese Alienation: History Problems and Historical Opportunities*, London: Oxford University Press.
Buzan, Barry, and George Lawson (2014) 'Capitalism and the Emergent World Order', *International Affairs*, 90:1, 71–91.
Buzan, Barry, and George Lawson (2015) *The Global Transformation: History, Modernity and the Making of International Relations*, Cambridge: Cambridge University Press.
Buzan, Barry, and George Lawson (2016) 'The Impact of the "Global Transformation" on Uneven and Combined Development', in Alexander Anievas and Kamran Matin (eds), *Historical Sociology and World History: Uneven and Combined Development over the Longue Durée*, London: Rowman & Littlefield, 171–84.
Buzan, Barry, and George Lawson (2020) 'China through the Lens of Modernity', *Chinese Journal of International Politics* (online).
Buzan, Barry, and George Lawson (forthcoming) *Modes of Power: A Theory of International History*.
Buzan, Barry, and Richard Little (2000) *International Systems in World History*, Oxford: Oxford University Press.
Buzan, Barry, and Laust Schouenborg (2018) *Global International Society: A New Framework for Analysis*, Cambridge: Cambridge University Press.
Callahan, William A. (2009) 'Chinese Visions of World Order: Post-hegemonic or a New Hegemony?', *International Studies Review*, 10:4, 749–61.
Chaudhuri, K. N. (1985) *Trade and Civilisation in the Indian Ocean*, Cambridge: Cambridge University Press.
Chen, Yudan (2015) 'Chinese Notions of Sovereignty', in Jamie Gaskarth (ed.), *China, India and the Future of International Society*, London: Rowman and Littlefield, 38–52.
Chong, Ja Ian (2014) 'Popular Narratives vs. China's History: Implications for Understanding an Emergent China', *European Journal of International Relations*, 20:4, 939–64.
Christian, David (2004) *Maps of Time*, Berkeley: University of California Press.
Clark, Ian (2009) 'Towards an English School Theory of Hegemony', *European Journal of International Relations*, 15:2, 203–28.

Clark, Ian (2011) *Hegemony in International Society*, Oxford: Oxford University Press.
Cohen, Warren I. (2000) *East Asia at the Center*, New York: Columbia University Press.
Cottrell, Leonard (1957) *The Anvil of Civilization*, New York: Mentor Books.
Cox, Robert W. (1986) 'Social Forces, States and World Orders: Beyond International Relations Theory', in Robert O. Keohane (ed.), *Neorealism and Its Critics*, New York: Columbia University Press, 204-54.
Cui, Shunji, and Barry Buzan (2016) 'Great Power Management in International Society', *Chinese Journal of International Politics*, 9:2, 181-210.
Curtin, Philip D. (1984) *Cross-cultural Trade in World History*, Cambridge: Cambridge University Press.
Dalacoura, Katerina (2021) 'Global IR, Global Modernity and Civilization in Turkish Islamist Thought: A Critique of Culturalism in International Relations', *International Politics*, 58, 131-47.
Dale, Stephen F. (2010) *The Muslim Empires of the Ottomans, Safavids and Mughals*, Cambridge: Cambridge University Press.
Darwin, John (2020) *Unlocking the World: Port Cities and Globalisation in the Age of Steam 1830-1930*, London: Penguin.
Datta-Ray, Deep K. (2015) *The Making of Indian Diplomacy: A Critique of Eurocentrism*, Oxford: Oxford University Press.
Deudney, Daniel (2007) *Bounding Power: Republican Security Theory from the Polis to the Global Village*, Princeton, NJ: Princeton University Press.
Dhammika, Ven. S. (1993) 'The Edicts of King Ashoka', Kandy: Buddhist Publication Society, www.cs.colostate.edu/~malaiya/ashoka.html.
Draper, Gerald (1995) 'The Contribution of the Emperor Asoka Maurya to the Development of the Humanitarian Ideal in Warfare', *International Review of the Red Cross*, 305, 30 April, www.icrc.org/en/doc/resources/documents/article/other/57jmf2.htm.
Dreyer, June Teufel (2016) *Middle Kingdom and Empire of the Rising Sun: Sino-Japanese Relations Past and Present*, New York: Oxford University Press.
Edwardes, Michael (1971) *East-West Passage: The Travel of Ideas, Arts, and Inventions between Asia and the Western World*, New York: Taplinger.
Eisenstadt, S. N. (2000) 'Multiple Modernities', *Dædalus*, 129:1, 1-29.
Fairbank, John King (1968) *The Chinese World Order: Traditional China's Foreign Relations*, Cambridge, MA: Harvard University Press.

Ferguson, Niall (2011) *Civilization: The West and the Rest*, New York: Penguin Books.
Garver, John W. (2016) *China's Quest: The History of the Foreign Relations of the People's Republic of China*, New York: Oxford University Press.
Gellner, Ernest (1981) *Muslim Society*, Cambridge: Cambridge University Press.
Gilpin, Robert (1981) *War and Change in World Politics*, Cambridge: Cambridge University Press.
Goh, Evelyn (2013) *The Struggle for Order: Hegemony, Hierarchy, and Transition in Post-Cold War East Asia*, Oxford: Oxford University Press.
Gray, Jack (2002) *Rebellions and Revolutions: China from the 1800s to 2000*, Oxford: Oxford University Press.
Gries, Peter Hays (2004) *China's New Nationalism: Pride, Politics, and Diplomacy*, Berkeley: University of California Press.
Hansen, Valerie (2012) *The Silk Road*, New York: Oxford University Press.
Harris, Stuart (2014) *China's Foreign Policy*, Cambridge: Polity.
Hitti, Philip K. (1962) *Islam and the West*, Princeton, NJ: D. Van Nostrand Company.
Ho, David Yau-fai (1976) 'On the Concept of Face', *American Journal of Sociology*, 81:4, 867–84.
Hobson, John M. (2004) *The Eastern Origins of Western Civilization*, Cambridge: Cambridge University Press.
Hodgson, Marshall G. S. (1993) *Rethinking World History: Essays on Europe, Islam and World History*, Cambridge: Cambridge University Press.
Holland, Tom (2012) *In the Shadow of the Sword: The Battle for Global Empire and the End of the Ancient World*, London: Little, Brown Book Group.
Hourani, Albert (1991) *Islam in European Thought*, Cambridge: Cambridge University Press.
Hu, H. C. (1944) 'The Chinese Concept of "Face"', *American Anthropologist*, 46:1, 45–64.
Hui, Victoria Tin-bor (2005) *War and State Formation in Ancient China and Early Modern Europe*, New York: Cambridge University Press.
Huntington, Samuel P. (1996) *The Clash of Civilizations*, New York: Simon and Schuster.
Hwang, Kwang-kuo (2011) *The Foundations of Chinese Psychology: Confucian*

Social Relations, New York: Springer.

Jackson, Patrick Thaddeus (2010) *The Conduct of Inquiry in International Relations: Philosophy of Science and Its Implications for the Study of World Politics*, New York: Routledge.

Jackson, Patrick Thaddeus, and Daniel H. Nexon (2019) 'Reclaiming the Social: Relationalism in Anglophone International Studies', *Cambridge Review of International Affairs*, 32: 3, 582–600.

Jacq-Hergoualc'h, Michel (2002) *The Malay Peninsula: Crossroads of the Maritime Silk Road*, Leiden: Brill.

Kang, David (2003) 'Getting Asia Wrong: The Need for New Analytical Frameworks', *International Security*, 27:4, 57–85.

Kang, David (2003–4) 'Hierarchy, Balancing and Empirical Puzzles in Asian International Relations', *International Security*, 28:3, 165–80.

Kang, David (2005) 'Why China's Rise Will Be Peaceful: Hierarchy and Stability in the East Asian Region', *Perspectives on Politics*, 3: 3, 551–4.

Kang, David (2010) 'Civilization and State Formation in the Shadow of China', in Peter J. Katzenstein (ed.), *Civilizations in World Politics: Plural and Pluralist Perspectives*, London: Routledge, 91–113.

Kaplan, Morton A. (1966) 'The New Great Debate: Traditionalism vs. Science in International Relations', *World Politics*, 19:1, 1–20.

Katzenstein, Peter J. (2006) 'Multiple Modernities As Limits to Secular Europeanization?', in Timothy A. Byrnes and Peter J. Katzenstein (eds), *Religion in an Expanding Europe*, Cambridge: Cambridge University Press, 1–33.

Katzenstein, Peter J. (2010) 'A World of Plural and Pluralist Civilizations: Multiple Actors, Traditions and Practices', in Peter J. Katzenstein (ed.), *Civilizations in World Politics: Plural and Pluralist Perspectives*, London: Routledge, 1–40.

Kautilya (1915) *Arthashastra*, trans. R. Shamashastry, Bangalore: Government Press.

Kennedy, Hugh (2016) *The Caliphate*, London: Pelican.

Keohane, Robert O. (1988) 'International Institutions: Two Approaches', *International Studies Quarterly*, 32:4, 379–96.

Khadduri, Majid (1966) *The Islamic Law of Nations: Shaybānī's Siyar*, Baltimore, MD: Johns Hopkins Press.

Khaldun, Ibn (1969 [1370]) *Muqaddimah: An Introduction to History*, trans. Franz Rosenthal, Princeton, NJ: Princeton University Press/ Ballinger.

King, Amy (2014) 'Where Does Japan Fit in China's "New Type of Great Power Relations"?', *The ASAN Forum: Special Forum*, 2:2, 21 March, www.theasanforum.org/where-does-japan-fit-in-chinas-new-type-of-great-power-relations/?dat=March%20-%20April,%202014.

Kissinger, Henry (2011) *On China*, London: Allen Lane.

Kissinger, Henry (2014) *World Order*, New York: Penguin Press.

Kosambi, D. D. (1975) *An Introduction to the Study of Indian History*, Bombay: Popular Prakashan.

Koyama, Hitomi, and Barry Buzan (2019) 'Rethinking Japan in Mainstream International Relations', *International Relations of the Asia-Pacific*, 19:2, 185–212.

Krasner, Stephen (1999) *Sovereignty: Organized Hypocrisy*, Princeton, NJ: Princeton University Press.

Kulke, Hermann, and Dietmar Rothermund (1986) *A History of India*, New York: Dorset Press.

Lake, David A. (2009) *Hierarchy in International Relations*, Ithaca, NY: Cornell University Press.

Larson, Gerald J. (1998) *Classical Sāṃkhya: An Interpretation of Its History and Meaning*, New Delhi: Motilal Banarasidass.

Lawrence, Bruce B. (2010) 'Islam in Afro-Eurasia: A Bridge Civilization', in Peter J. Katzenstein (ed.), *Civilizations in World Politics: Plural and Pluralist Perspectives*, London: Routledge, 157–75.

Lawson, Fred H. (2006) *Constructing International Relations in the Arab World*, Stanford: Stanford University Press.

Lerner, Gerda (1986) *The Creation of Patriarchy*, New York: Oxford University Press.

Liebig, Michael, and Saurabh Mishra (2017) 'Introduction' in Michael Liebig and Saurabh Mishra (eds), *Arthasastra in a Transcultural Perspective: Comparing Kautilya with Sun-Zi, Nizam al-Mult, Barani and Machiavelli*, New Delhi: Institute for Defence Studies and Analysis, Pentagon Press, 1–30.

Little, Richard (2006) 'The Balance of Power and Great Power Management', in Richard Little and John Williams (eds), *The Anarchical Society in a Globalized World*, Basingstoke: Palgrave, 97–120.

Little, Richard (2007) *The Balance of Power in International Relations:*

Metaphors, Myths and Models, Cambridge: Cambridge University Press.

Liu, Xinru (2010) *The Silk Road in World History*, New York: Oxford University Press.

Lustick, Ian S. (1997) 'The Absence of Middle Eastern Great Powers: Political "Backwardness" in Historical Perspective', *International Organization*, 5:4, 653-83.

Luttwak, Edward N. (2012) *The Rise of China vs. the Logic of Strategy*, Cambridge, MA: Belknap Press of Harvard University Press.

Lyons, Jonathan (2010) *The House of Wisdom: How the Arabs Transformed Western Civilization*, London: Bloomsbury.

Mackintosh-Smith, Tim (2002) *The Travels of Ibn Battutah*, London: Picador.

Mallavarapu, Siddharth (2009) 'Development of International Relations Theory in India: Traditions, Contemporary Perspectives and Trajectories', *International Studies*, 46:1-2, 165-83.

Mann, Michael (1986) *The Sources of Social Power*, vol. 1, Cambridge: Cambridge University Press.

McNeill, William H. (1965) *The Rise of the West: A History of Human Community*, New York: Mentor Books.

Menon, Sunil, and Siddhartha Mishra (2013) 'We Are All Harappans', *Outlook* (India), 13 August, 28-35.

Mitra, Sbrata K. (2017) 'Kautilya Redux?' in Michael Liebig and Saurabh Mishra (eds), *Arthasastra in a Transcultural Perspective: Comparing Kautilya with Sun-Zi, Nizam al-Mult, Barani and Machiavelli*, New Delhi: Institute for Defence Studies and Analysis, Pentagon Press, 31-62.

Moore, Gregory J. (2014) '"In Your Face": Domestic Politics, Nationalism and "Face" in the Sino-Japanese Islands Dispute', *Asian Perspective*, 38, 219-40.

Mulk, Nizam al (2002) *The Book of Government, or Rules for Kings*, Abingdon: Routledge.

Murphy, R. Taggart (2014) *Japan and the Shackles of the Past*, Oxford: Oxford University Press.

Nagao, Gajin M. (1991) *Mādhyamika, and Yogācāra, A Study of Mahāyāna Philosophies: Collected Papers*, trans. Leslie S. Kawamura, Albany, NY: State University of New York Press.

Narlikar, Amrita, and Aruna Narlikar (2014) *Bargaining with a Rising*

India: Lessons from the Mahabharata, Oxford: Oxford University Press.

Nehru, Jawaharlal (1938) 'The Unity of India', *Foreign Affairs*, 16:2, 231–43.

Neumann, Iver B., and Einar Wigen (2018) *The Steppe Tradition in International Relations: Russians, Turks ad European State Building 4000 BCE–2017 CE*, Cambridge: Cambridge University Press.

Newbigin, Eleanor (2019) 'Do We Need to Decolonise History? And If So, How?', *History Extra* (BBC), 25 March, www.historyextra.com/period/modern/decolonise-history-curriculum-education-how-meghan-markle-black-study.

Odgaard, Liselotte (2012) *China and Coexistence: Beijing's National Security Strategy for the Twenty-First Century*, Baltimore, MD: Johns Hopkins University Press.

Ogilvie, Sheilagh (2011) *Institutions and European Trade: Merchant Guilds 1000–1800*, Cambridge: Cambridge University Press.

Onuma, Yasuaki (2000) 'When Was the Law of International Society Born? An Inquiry of the History of International Law from an Intercivilizational Perspective', *Journal of the History of International Law*, 2, 1–66.

Paine, Lincoln (2014) *The Sea and Civilization: A Maritime History of the World*, London: Atlantic Books.

Paine, S. C. M. (2003) *The Sino-Japanese War of 1894–1895*, New York: Cambridge University Press.

Phillips, Andrew, and J. C. Sharman (2015) *International Order in Diversity: War, Trade and Rule in the Indian Ocean*, Cambridge: Cambridge University Press.

Pelham, Nicholas (2016) 'The People Who Shaped Islamic Civilisation,' *The Economist 1843*, 5 December, www.1843magazine.com/culture/the-daily/the-people-who-shaped-islamic-civilisation.

Pines, Yuri (2012) *The Everlasting Empire: The Political Culture of Ancient China and Its Imperial Legacy*, Princeton, NJ: Princeton University Press.

Pines, Yuri (2018) 'Legalism in Chinese Philosophy', in Edward N. Zalta (ed.), *The Stanford Encyclopedia of Philosophy*, https://plato.stanford.edu/archives/win2018/entries/chinese-legalism.

Piscatori, James (1986) *Islam in a World of Nation-States*, Cambridge: Cambridge University Press.

Piscatori, James, and Amin Saikal (2019) *Islam beyond Borders: The Umma in World Politics*, Cambridge: Cambridge University Press.

Qin, Yaqing (2007) 'Why Is There No Chinese International Relations Theory?', *International Relations of the Asia-Pacific*, 7:3, 313–40.

Qin, Yaqing (2011) 'Relationality and Processual Construction: Bringing Chinese Ideas into International Relations Theory'; 'Rule, Rules, and Relations: Towards a Synthetic Approach to Governance', *Chinese Journal of International Politics*, 4:2, 117–45.

Qin, Yaqing (2016) 'Relational Theory of World Politics', *International Studies Review*, 18:1, 33–47.

Qin, Yaqing (2018) *A Relational Theory of World Politics*, Cambridge: Cambridge University Press.

Radhakrishnan, S. (1940) *Eastern Religions and Western Thought*, New Delhi: Oxford University Press.

Reid, Anthony (1988) 'Female Roles in Pre-colonial Southeast Asia', *Modern Asian Studies*, 22: 3, 629–45.

Ren, Xiao (2016) 'Idea Change Matters: China's Practices and the East Asian Peace', *Asian Perspectives*, 40, 329–56.

Ringmar, Erik (2019) *History of International Relations: A Non-European Perspective*, Cambridge, UK: Open Book Publishers, www.openbookpublishers.com/reader/228#page/150/mode/2up.

Risso, Patricia (1995) *Merchants and Faith: Muslim Commerce and Culture in the Indian Ocean*, New York: Routledge.

Rosenberg, Justin (2010) 'Problems in the Theory of Uneven and Combined Development Part II: Unevenness and Multiplicity.' *Cambridge Review of International Affairs*, 23:1, 165–89.

Rosenberg, Justin (2013) 'Kenneth Waltz and Leon Trotsky: Anarchy in the Mirror of Uneven and Combined Development', *International Politics*, 50:2, 183–230.

Rosenberg, Justin (2016) 'International Relations in the Prison of Political Science', *International Relations*, 30:2, 127–53.

Rudolph, Susanne Hoeber (2010) 'Four Variants of Indian Civilization', in Peter J. Katzenstein (ed.), *Civilizations in World Politics: Plural and Pluralist Perspectives*, London: Routledge, 137–56.

Ruggie, John (2004) 'American Exceptionalism and Global Governance: A Tale of Two Worlds?', Working Paper No. 5, Corporate Social Responsibility Initiative, Harvard University, April 2004.

Sarkar, Benoy Kumar (1919) 'Hindu Theory of International Relations', *American Political Science Review*, 13:3, 400–14.

Sarkar, Benoy Kumar (1921) 'The Hindu Theory of the State', *Political Science Quarterly*, 36:1, 79–90.

Sastri, K. A. Nilakanta (1967) *Nandas and Maurysa*, 2nd ed., New Delhi: Motilal Banarsidass.

Schneider, Louis (1970) *Sociological Approach to Religion*, New York: John Wiley.

Scott, James C. (2017) *Against the Grain: A Deep History of the Earliest States*, New Haven, CT: Yale University Press.

Shahi, Deepshikha (2014) 'Arthashastra beyond Realpolitik: The "Eclectic" Face of Kautilya', *Economic & Political Weekly*, 49:41, 11 October, 68–74.

Shahi, Deepshikha (2018) *Kautilya and Non-Western IR Theory*, London: Palgrave Macmillan.

Shahi, Deepshikha (2020a) Book Review: *The History of the Arthaśāstra: Sovereignty and Sacred Law in Ancient India*, by Mark McClish, *Global Intellectual History*, DOI: 10.1080/23801883.2020.1771247.

Shahi, Deepshikha, ed. (2020b) *Sufism: A Theoretical Intervention in Global International Relations*, Lanham, MD: Rowman & Littlefield.

Shahi, Deepshikha, and Gennaro Ascione (2016) 'Rethinking the Absence of Post-Western International Relations Theory in India: "Advaitic Monism" As an Alternative Epistemological Resource', *European Journal of International Relations*, 22:2, 313–34.

Shambaugh, David (2013) *China Goes Global: The Partial Power*, Oxford: Oxford University Press. Kindle ed.

Sharan, Paramata (1992–3) *Ancient India Political Thought and Institutions*, Meerut, India: Meenakshi Prakashan.

Sharma, Ram Sharan (1996) *Aspects of Political Ideas and Institutions in Ancient India*, 4th ed., New Delhi: Motilal Banarsidass.

Sheikh, Faiz (2016) *Islam and International Relations: Exploring Community and the Limits of Universalism*, Lanham, MD: Rowman and Littlefield.

Shi, Yinhong (2007) 'The Need for a Composite Strategy in China-Japan Relations', in Gi-Wook Shin and Daniel C. Sneider (eds), *Cross Currents: Regionalism and Nationalism in Northeast Asia*, Stanford CA: Walter H. Shorenstein Asia-Pacific Research Centre Books, 213–25.

Shih, Chih-yu (1990) *The Spirit of Chinese Foreign Policy*, Basingstoke: Macmillan.

Shilliam, Robbie (2009) 'The Enigmatic Figure of the Non-Western Thinker in International Relations', *AntePodium: Online Journal of World Affairs*, https://nanopdf.com/download/robbie-shilliam-victoria-university-of-wellington_pdf.

Sil, Rudra, and Peter Katzenstein (2010) *Beyond Paradigms: Analytic Eclecticism in the Study of World Politics*, New York: Palgrave-Macmillan.

Simpson, Gerry (2004) *Great Powers and Outlaw States: Unequal Sovereigns in the International Legal Order*, Cambridge: Cambridge University Press.

Singh, G. P. (1993) *Political Thought in Ancient India*, New Delhi: D. K. Printworld.

Singhal, D. P. (1993) *India and World Civilization*, New Delhi: Rupa and Co.

Spruyt, Hendrick (2020) *The World Imagined: Collective Beliefs and Political Order in the Sinocentric, Islamic and Southeast Asian International Societies*, Cambridge: Cambridge University Press.

Suzuki, Shogo (2009) *Civilization and Empire: China and Japan's Encounter with European International Society*, London: Routledge.

Swope, Kenneth M. (2009) *A Dragon's Head and a Serpent's Tail: Ming China and the First Great East Asian War*, Norman: University of Oklahoma Press.

Tadjbakhsh, Shahrbanou (2010) 'International Relations Theory and the Islamic Worldview', in Amitav Acharya and Barry Buzan (eds), *Non-Western International Relations Theory: Perspectives on and beyond Asia*, London: Routledge, 174–96.

Tagore, Rabindranath (1918) *Nationalism*, London: Macmillan & Co.

Thapar, Romila (2002) *Early India: From the Origins to AD 1300*, New Delhi: Penguin.

Thapar, Romila (2012) *Ashoka and the Decline of the Mauryas*, 3rd ed., New Delhi: Oxford University Press.

Tickner, Arlene, and Ole Wæver (eds) (2009) *International Relations Scholarship around the World*. London: Routledge.

Tilly, Charles (1990) *Coercion, Capital and European States, AD 990–1992*, Oxford: Blackwell.

Towns, Ann (2009) 'The Status of Women As a Standard of "Civilization"', *European Journal of International Relations*, 15:4, 681–706.

Towns, Ann E. (2010) *Women and States: Norms and Hierarchies in International Society*, Cambridge: Cambridge University Press.

Tudor, Daniel (2012) *Korea: The Impossible Country*, Tokyo: Tuttle Publishing.

Turner, John (2009) 'Islam as a Theory of International Relations?' *E-International Relations Students*, 3 August, www.e-ir.info/2009/08/03/islam-as-a-theory-of-international-relations.

Wade, Geoff (2004) 'The Zheng He Voyages: A Reassessment', Working Paper Series No. 31, October, Asia Research Centre, National University of Singapore.

Walker, R. B. J. (1993) *Inside/Outside: International Relations As Political Theory*, Cambridge: Cambridge University Press.

Waltz, Kenneth N. (1979) *Theory of International Politics*. Reading, MA: Addison-Wesley.

Wang, Jisi (2011) 'China's Search for a Grand Strategy', *Foreign Affairs*, 90:2, 68–79.

Warner, Caroline M. (2001) 'The Rise of the State System in Africa', in Michael Cox, Tim Dunne, and Ken Booth (eds), *Empires, Systems and States: Great Transformations in International Politics*, Cambridge: Cambridge University Press, 65–89.

Watson, Adam (1992) *The Evolution of International Society*, London: Routledge.

Watson, Adam (1997) *The Limits of Independence: Relations between States in the Modern World*, London: Routledge.

Watson, Adam (2001) 'Foreword' to 'Forum on the English School', *Review of International Studies*, 27:3, 467–70.

Watson, Matthew (2018) *The Market*, Newcastle: Agenda Publishing.

Wendt, Alexander (1992) 'Anarchy Is What States Make of It: The Social Construction of Power Politics', *International Organization*, 46:2, 391–425.

Wight, Martin (1966) 'Why Is There No International Theory?', in Herbert Butterfield and Martin Wight (eds), *Diplomatic Investigations: Essays in the Theory of International Politics*, London: Allen and Unwin, 17–34.

Wight, Martin (1977) *Systems of States*, edited by Hedley Bull, Leicester: Leicester University Press.

Wight, Martin (1991) *International Theory: The Three Traditions*, edited by Brian Porter and Gabriele Wight, Leicester: Leicester University

Press/Royal Institute of International Affairs.

Wilkinson, David (2008) 'Hêgemonía: Hegemony, Classical and Modern', *Journal of World-Systems Research*, 14:2, 119–41.

Yan, Xuetong (2011) *Ancient Chinese Thought, Modern Chinese Power*, Princeton, NJ: Princeton University Press.

Yan, Xuetong (2019) *Leadership and the Rise of Great Powers*, Princeton, NJ: Princeton University Press.

Yurdusev, Nuri (2004) *Ottoman Diplomacy: Conventional or Unconventional?*, Basingstoke: Palgrave Macmillan.

Yurdusev, Nuri (2009) 'The Middle East Encounter with the Expansion of European International Society', in Barry Buzan and Ana Gonzalez-Pelaez (eds), *International Society and the Middle East: English School Theory at the Regional Level*, Basingstoke: Palgrave, 70–91.

Zha, Jianying (2020) 'Prince Han Fei & Chairman Xi Jinping', http://chinaheritage.net/journal/chinas-heart-of-darkness-part-iii.

Zhang, Feng (2009) 'Rethinking the "Tribute System": Broadening the Conceptual Horizon of Historical East Asian Politics', *Chinese Journal of International Politics*, 2:4, 545–74.

Zhang, Feng (2014) 'International Societies in Pre-modern East Asia: A Preliminary Framework', in Barry Buzan and Yongjin Zhang (eds), *Contesting International Society in East Asia*, Cambridge: Cambridge University Press, 29–50.

Zhang, Feng (2015a) 'Confucian Foreign Policy Traditions in Chinese History', *Chinese Journal of International Politics*, 8:2, 197–218.

Zhang, Feng (2015b) *Chinese Hegemony: Grand Strategy and International Institutions in East Asian History*, Stanford: Stanford University Press.

Zhang, Yongjin (2001) 'System, Empire and State in Chinese International Relations', in Michael Cox, Tim Dunne, and Ken Booth (eds), *Empires, Systems and States: Great Transformations in International Politics*, Cambridge: Cambridge University Press, 43–63.

Zhang, Yongjin, and Barry Buzan (2012) 'The Tributary System As International Society in Theory and Practice', *Chinese Journal of International Politics*, 5:1, 3–36.

Zhao, Suisheng (2017) 'Reconstruction of Chinese History for a Peaceful Rise', *Yale Global*, 13 June, http://yaleglobal.yale.edu/content/reconstruction-chinese-history-peaceful-rise.

Zhao, Tingyang (2006) 'Rethinking Empire from a Chinese Concept "All-under-heaven" Tian-xia', *Social Identities*, 12:1, 29–41.

Zhao, Tingyang (2009) 'A Political World Philosophy in Terms of All-Under-Heaven (Tian-Xia)', *Diogenes*, 221, 5–18.

Zhao, Tingyang (2014) 'The "China Dream" in Question', *Economic and Political Studies*, 2:1, 127–42.

Zhao, Tingyang (2015) 'Yi tianxia chongxin dingyi zhengzhi gainian: wenti, tiaojian he fangfa' ['Redefining the Concept of Politics via "Tianxia": The Problems, Conditions and Methodology', translated by Lu Guobin, edited by Sun Lan], *World Economics and Politics* (Beijing), 6, 4–22.

Zhao, Tingyang (2018) 'A Neglected Project for Tianxia System', paper presented to the international conference on Global IR and Non-Western IR Theory, China Foreign Affairs University, 24 April.

索 引

(索引页码为原书页码,即本书边码)

Abbas, Shah Ⅰ 沙阿阿拔斯一世, 104
Abbasid caliphate 阿拔斯哈里发国, 24, 32, 81, 85, 86, 87, 100, 101
Abu Bakr 艾布·伯克尔, 97
Achaemenid empire 阿契美尼德帝国, 46
Acharya, Amitav 阿米塔·阿查亚, 116, 153
Advaita 不二论, 144
Afghanistan 阿富汗, 25, 84, 103, 104, 108
agency 施动性, 143
Agra 阿格拉, 108
Akbar 阿克巴, 109
Aleppo 阿勒颇, 83
Alexander the Great 亚历山大大帝, 19, 31, 35
Alexander Ⅵ, Pope 教宗亚历山大六世, 51
Al-Qaeda "基地"组织, 91

American exemptionalism, 美国免责论, 123
analytic eclecticism 分析折衷主义, 23
anarchism 无政府主义, 22
Anatolia 安纳托利亚, 88, 103, 110
anti-hegemony 反霸权, 133
Aquinas, Saint Thomas 圣托马斯·阿奎那, 85
Aristotle 亚里士多德, 37, 98
Arjuna 阿朱那, 42, 43
Armstrong, Karen 凯伦·阿姆斯特朗, 97
Arthashastra,《政事论》, 33, 34, 48; ～的持续相关性, 38; ～的成书年代, 33; ～对国家的定义, 37; ～与希腊文化, 35; ～与合法性, 36; ～与列国, 45; ～与现实主义, 32, 33, 36
Ashoka, Emperor 阿育王, 37, 42, 127, 129; ～与佛教, 132; ～

与达摩, 32, 38—40; ~的道德征服观念, 9; ~与和平共处, 132; ~与多元主义, 151; ~与软实力, 47; ~与佛教的传播, 51; ~与跨国主义, 141

assabiya 阿萨比亚, 91

Athens 雅典, 24

Aurungzeb 奥朗则布, 152

autonomy 自治, 118

Averroes (Ibn Rushd) 阿威罗伊（伊本·路世德）85, 94

Baghdad 巴格达, 101

balance of power 均势, 36, 55, 60, 77, 123

Battutah, Ibn 伊本·白图泰, 99, 141

Bay of Bengal 孟加拉湾, 49

Bedouin 贝都因人, 95, 101

Bennison, Amira 阿米拉·本尼森, 100

Bhagavad Gita, The《薄伽梵歌》, 42

Bharat 婆罗多, 118

Bharatiya Janata Party 印度人民党, 152

Boesche, Roger 罗杰·伯舍, 35

Book of Lord Shang, The《商君书》, 58

Braudel, Fernand 费尔南·布罗代尔, 29, 32, 48

Bretton Woods 布雷顿森林, 139

British empire, the 大英帝国, 37

Buddhism 佛教, 32, 38; ~与阿育王, 42, 132; ~与因果关系, 144; ~与中国, 54, 118, 126; ~与中国哲学, 58; ~与中国政治理论, 58; ~与部落联盟, 45; ~与全球化, 84; ~与汉朝, 58; ~与多元主义, 151; ~与现实主义, 49; ~与社会契约理论, 43; ~的传播, 47, 48, 50, 51; ~与领土权, 150; ~与跨国主义, 141

Bull, Hedley 赫德利·布尔, 3, 142

Burbank, Jane 简·伯班克, 100, 106

Buzan, Barry 巴里·布赞, 24, 76, 153

Byzantine empire 拜占庭帝国, 97, 102, 106, 114

Byzantium 拜占庭, 24, 77, 81

Cairo 开罗, 101

caliphate 哈里发国, 81, 87, 100, 101

Callahan, William 柯岚安, 61

Canton 广州, 54

capitalism 资本主义，3，84，139，153

Carthage 迦太基，24

caste system 种姓制度，31，32，52，91，100，117，141

centres of gravity 重心，85

chakravartin 轮转圣王，39，118

Chandragupta. 旃陀罗笈多 见 Maurya, Chandragupta

Chaudhuri, K. N. K. N. 乔杜里，109

China 中国，2，9，12，28，113，116；大一统之后的～，54；无政府体系中的～，148；～与无政府状态-等级制光谱，121；～与英国人，18；～与佛教，53，58；～与矛盾，146；～与帝国，85，86；～与欧洲，54；～与面子，69—71；～与全球化，84；～与等级制，61；～与耻辱，114；～与理想主义，124；～与印度，31，46，49，50，53，120，135；～与国际体系，55，71；～与正义战争，97；～与天命，53；～与现代国际关系学，116；～与现代性，6，14，114，152；～与现代化，92；～与和平共处，27，133；～与多元主义，57；～与权力，124；～与国家间关系的实践，51；大一统之前时期的～，54，71；～与理性主义和关系主义，144；研究～的原因，11；～与宗教，127；～与俄国，127；～与主权平等，122；～与领土权，59；～与天下，62—64；～与贸易，135，138，149；～与朝贡体系，73；～与统一，87，102，120；～与西方，68；～与世界，126；～与世界秩序，2，8，10，53，55，57，71

Chinese tribute system 中国朝贡体系，10，59，61，71，73，127，136，138；～与领土权，77

Chinese world order 中国的世界秩序，10

Chola empire 朱罗帝国，49

Christian, David 大卫·克里斯蒂安，85

Christianity 基督教，50，51，82，88，94，109，141，147

civilization 文明，78，81，134

climate change 气候变化，154

coexistence 共处，130

Cohen, Warren 孔华润，127

Cold War, the 冷战，3

collective memory 集体记忆，38，51

colonialism 殖民主义，15，27，75，

91，114，160

colonization 殖民，74，114

community 共同体，133

Confucianism 儒家思想，22，49，58，60，138；～与集体主义，67；～与建构主义，67；～的构成，54；～与性别，147；作为意识形态的～，120；～与民族主义，79

Confucius 孔子，12，38，57

conglomerate agrarian/pastoralist empires (CAPEs) 农耕－游牧混合帝国，24，25，34，37

Constantinople 君士坦丁堡，82，106

Constructivism 建构主义，6，44，67，68，124，158

contradictions 矛盾，145

Cooper, Frederick 弗里德里克·库珀，100，106

Cordoba 科尔多瓦，101

core 中心，25，107，114，115，122，126，131

cosmopolitan humanism 世界人文主义，132

cosmopolitanism 世界主义，52，99，113，133

Cottrell, Leonard 伦纳德·科特雷尔，144

Cox, Robert 罗伯特·考克斯，158

Crusades 十字军东征，85，96，102

culture 文化，13，15，115

Dale, Stephen 斯蒂芬·戴尔，103，106

Daoism 道家思想，58

Dar al-Ahd 条约地区，94，100，111，130

Dar al-Harb 战争之地，96，100；～与条约地区，111；～与伊斯兰之家，105，110；被定义的～，93；～与早期伊斯兰历史，102；～与等级制，118；～与国际体系，96；～与吉哈德，93；～与多样性，128；～的非传统主义解释，94；～与多元主义，130；～与权力，124

Dar al-Islam 伊斯兰之家，87，94，96；～与战争之地，105，110；被定义的～，93；～与早期伊斯兰历史，102；～的分裂，111；～与加齐，106；～与等级制，118；～与国际体系，96，128；～与吉哈德，93；～与多样性，128；～的非传统主义解释，94；～与奥斯曼帝国，107；～与多元主义，130；～与权力，124；～与乌玛，100

datong 大同，20

decolonization 去殖民化，92，123，157

deep pluralism 深度多元主义；～与反霸权，133；～与文化差异，146；～与全球国际关系学，153；～与国际体系，2；～与现代性，3；～与尊重，151；～与贸易，139；～与不平衡与综合发展，8；～与世界秩序，123，142，153

Delhi 德里，108

Delhi sultanate, the 德里苏丹国，30，101，108，151

democratic peace theory 民主和平理论，130

dependencia 依附论，14

dependent origination 缘起依赖，43

Deudney, Daniel 丹尼尔·德德尼，17

development 发展，8

Dharma 达摩，32，38，39，42，127；～与和平共处，132；～与多元主义，151；～的实用主义，129；～与软实力，47

Di Xin 帝辛，64

Din-I Ilahi 丁伊拉贺教，109

diplomacy 外交，78

divine causation 神的因果关系，40，42，98，144

divine creation 神创论，41

Doctrine of Emptiness (*Sunyata*) 空的学说，43

Duryodhana 难敌，42

dynasticism 王朝主义，117

East Asia 东亚，47

Economist, The《经济学人》，85

Egypt 埃及，25，83，105，107，148；～与法蒂玛帝国，86，88；～与希腊，17；～与马穆鲁克帝国，101；～与罗马，17

Eisenstadt, S. N. S. N.艾森斯塔德，156

empire 帝国，19，24，25，37，56，96，117，129，131；～与中国，57；～与全球化，85；～与等级制，61；～与和平共处，131

English School, the 英国学派，6，121，130，150

Enlightenment, the 启蒙运动，85

epistemology 认识论，28，32，40，41，43，65，142—144，159

Eurocentrism 欧洲中心主义，1，5，9，18，19，21，157

Europe 欧洲，119；～与无政府状态－等级制光谱，121；～与均势，55；～与中国，55；～与现代国际关系学的构建, 154; ~与早期伊斯兰的历史, 101; ~与伊斯兰世界的分裂, 105; ~与等级制, 77, 149; ~与印度, 50; ~与伊斯兰, 90; ~与伊斯兰哲学, 144; ~与伊斯兰世界, 81, 83, 85, 89, 92, 96, 106, 110, 114; ~与合法性, 119; 中世纪的~, 53; ~泰戈尔关于~(的论述), 52; ~与贸易, 137; ~与跨国主义, 142; ~与世界秩序, 50

exceptionalism, 例外主义, 156, 157

face 面子, 59, 69—71, 73, 79
Fairbank, John King 费正清, 10
Fanon, Frantz 弗朗茨·法农, 157
Fatimid empire 法蒂玛帝国, 85, 88
foreign policy 外交政策, 34

Ganasangha 部落联盟, 45
Ganges Valley 恒河流域, 30
Gellner, Ernest 欧内斯特·盖尔纳, 86
gender 性别, 142, 147
Genoa 热那亚, 83
ghazis 加齐, 106
Gilpin, Robert 罗伯特·吉尔平, 24

Global IR 全球国际关系学, 113, 155, 156; ~的学术-政策纽带, 158; ~的学科建构, 1; ~与分类, 22; ~与文化例外主义, 156; ~与文化敏感性, 19; ~与非殖民化, 157; ~与深度多元主义, 153; ~与国际关系学理论的取代, 155; ~与性别, 147; ~的目标, 156; ~与思维模式, 148, 150; ~中的非西方声音, 148; ~实现的障碍, 159; ~与地方主义, 156; ~与心结, 114; ~的共享词汇表, 22; ~与主权平等, 122; ~的国际关系学转型, 158; ~与跨国主义, 142; ~与西方国际关系学, 154

global modernity 全球现代性, 155
globalization 全球化, 84, 139
Goh, Evelyn 吴翠玲, 76
Golden Horde 金帐汗国, 137
Gray, Jack 杰克·格雷, 61
great powers 大国, 56; ~与深度多元主义, 123, 153; 欧洲人对~的态度, 77; ~与等级制, 121; ~与伊斯兰, 92; ~与领导力, 65; ~与现代性, 153; ~的特殊权利, 122
Greece 希腊, 17, 19, 33, 41, 53,

83, 148；非西方对～的影响, 18
Gries, Peter Hays 葛小伟, 70
Grotius, Hugo 雨果·格劳秀斯, 136
group feeling 群体情感, 131, 133
Gupta empire 笈多帝国, 32, 45, 48, 85

Habsburgs 哈布斯堡, 24
Hadith《穆罕默德言行录》, 98
Han dynasty 汉朝, 52, 54, 58, 71—73, 118, 126
Hanfeizi 韩非子, 58
Harbis 非穆斯林, 105
Harris, Stuart 斯图尔特·哈里斯, 60
Hegelian dialectics 黑格尔辩证法, 65
hegemonia 霸权, 19
hegemony 霸权, 55, 62, 75, 120, 122；～的历史理解, 19；～与伊斯兰, 92；～与奥斯曼帝国, 107；～与主权平等, 123
Hellenization 希腊化, 19, 47, 48, 51
Hellenocentrism 希腊中心主义, 19, 35
hierarchy 等级制, 56, 59—62, 117—123；～与中国, 57, 59, 77；～的定义, 26；～与伊斯兰世界, 96；～与天命, 79；～与和平共处, 149；～与权力, 148；～与宗教, 127；～与主权平等, 149；～与文明标准, 126；～与天下, 63
Hinduism 印度教, 32, 109, 141, 144；～与《薄伽梵歌》, 42；～与性别, 147；～的传播, 47, 48, 50, 51
Hindutva 印度教特性, 127
history 历史, 15, 70, 115
Ho, David Yau-fai 何友晖, 69
Hobbes, Thomas 托马斯·霍布斯, 11, 34, 38, 95, 115
Hobson, John 约翰·霍布森, 84, 143
Hodgson, Marshall 马歇尔·霍奇森, 87, 113
Holy War 圣战 见 *Jihad*
Hongwu 洪武帝, 127
hubs 枢纽, 85
Hui, Victoria Tin-bor 许田波, 58
human nature 人性, 34, 125
human rights 人权, 117
humanitarianism 人道主义, 38
humiliation 屈辱, 113

idealism 理想主义，22，49

identity 身份，133

ijmā' 伊制玛尔，98

Ijtihad 伊智提哈德，98，144

imperator 统治者，19

imperialism 帝国主义，5，27，62

imperium 统治权，19

independence 独立，123

India 印度，9，12，28，82，113，116；无政府体系中的～，148；～与无政府状态，46；～与《政事论》，38；～与阿育王，38；～与均势，36；～与英国人，18；～与佛教，150；～与中国，46，50，53，56，118，120，135；～的世界主义传统，52；～与德里苏丹国，101；～与达摩，129；～的观念传播，47；～内部不同传统的共存，41；～与神创论，42；～的世界观的出现，32；～与认识论，40；～与欧洲，50；～的分裂，86；～与性别，147；～与希腊，40；～与笈多帝国，85；～与等级制，119；～与理想主义，124；～的位置的重要性，31；～与伊斯兰，120；～与伊斯兰世界，30，81，85，86，89，92，96，106，110，114；～与南赡部洲，39；～与正义战争，97；～与考底利耶，34；～与后期伊斯兰的历史，103；～与法家思想，124；～与《摩诃婆罗多》，42；～与列国，44，45；～与现代国际关系学，116；～与现代性，14；～与思维模式，32；～与莫卧儿帝国，104，108；～与土著性，157；～与和平共处，27；～与多元主义，151；～与权力，124；～的国家间关系的实践，51；～的研究原因，11；～与宗教，127；～与列国时期，120；～与世俗主义，42；～与软实力，47；～的国家体系，45；～与贸易，83，104，135；～与跨国主义，142；～与乌玛，91；～与统一，87；～与四海一家，51；～与西方国际关系学理论，49；～与世界，126；～与世界秩序，2，8，10，50

Indian Ocean 印度洋，47，84，105，109，136

Indianization 印度化，19，47，48

Indus Valley 印度河流域，28，30，31

industrialization 工业化，8

inside/outside 内/外，24，62，71，

77，100，108，125，127
international law 国际法，6，9，56，72，107，129
international political economy 国际政治经济，116，149；～的定义，26，27
International Relations (IR) 国际关系学，113；～与《政事论》，33—38；～在中国，20；古典文明中的～，13；～的世界主义起源，18；～与世界主义，132；～与文化，15，28，115；～在伊斯兰世界中的发展，89，124；～与认识论，142；～的欧洲中心主义，5；～与等级制，77，117；～的历史-文明研究，9；～与历史，115；～与吉哈德，94；～与《摩诃婆罗多》，43；～与唯物主义，115；～与现代性，11；～与思维模式，142；～与和平共处，130；～与政治理论，115；～与权力，128；～与理性主义和关系主义，144；～与关系主义，79；～与科学，41；～与主权平等，117；～研究间的时空共性，28；～与领土权，140；～与贸易，139；～与跨国主义，140；～与不平衡与综合发展，8；～与乌

玛，101；～与西方政治，1；～的西方性，13
International Relations theory 国际关系学理论；～与无政府状态和等级制，121；～与深度多元主义，153；～的出现，14；～与印度，49；～与伊斯兰，89；～与伊斯兰理论，112；～与多样性，125；作为西方产物的～，117；～与现时中心主义，19；～与普遍主义，148
international system 国际体系，4；～与中国，55，59，71；～与中国的世界秩序，10；～与伊斯兰之家，128；～与深度多元主义，2；～与帝国，25；～术语使用的解释，16；～与等级制，123；～与洪武帝，128；～与印度，151；～与伊斯兰世界，96；～与奥斯曼帝国，107；～与战国时期，72；～的西方主导，3
Iran 伊朗，9，103，104，108，110，137
Iraq 伊拉克，99
Islam 伊斯兰；～与无政府状态，121；～与基督教，94；～与商业贸易，83；～与君士坦丁堡，107；～与丁伊拉贺教，109；～

与世界永恒，41；～与性别，147；～与正义战争，97；～与法律，107；作为商人宗教的～，135；～与军事权力，99；作为多中心文明的～，120；～与多元主义，90；～与宗教，86；～内部的什叶派/逊尼派分裂，88；～与贸易，83；～与跨国主义，141；～与乌玛，90—92，100；～与西方国际关系学理论，89；作为一种世界观的～，89

Islamic philosophy 伊斯兰哲学，98，144

Islamic State 伊斯兰国家，91，93

Islamic theory 伊斯兰理论，111

Islamic world, the 伊斯兰世界，12，28，88，97，113，116；作为（不同）世界间桥梁的～，83；～与中国，81，122；～与十字军东征，96；～中现代国际关系学的发展，124；～与帝国，86；～的分裂，86，105；～与全球化，84；～的历史，100；作为枢纽和重心的～，85；～与耻辱，114；～与伊本·赫勒敦，38；～与印度，30，31，81；～与国际体系，96；～与现代国际关系学，116；～与现代性，14，114；～与非伊斯兰世界，97；～的后阿拔斯时期，120；～与权力，124，128；～与实践，98；～的研究原因，11；～与和解，114；～的王朝兴衰，95；～与奴隶制，114；～的观念传播，82；～与领土权，106；～与贸易，84，135，149；～与跨国主义，99，141，142；～与乌玛，30；～与统一，87，102；～与世界秩序，2，8，89

Jackson, Patrick Thaddeus 帕特里克·撒迪厄斯·杰克逊，41，143

Jainism 耆那教，45，49，151

Jambudvipa 南赡部洲，39

Janapadas 小国，46

Japan 日本，1，5，76，114；～与中国，70，71，127；～与现代性，6；～与现代化，92；～与贸易，136

Java 爪哇，85

Jihad 吉哈德，92，93，94，97

just war 正义战争，94，97，130

Kalinga 卡林加，40

Kalinga War, the 卡林加之战，38

Kaplan, Morton 莫顿·卡普兰，142

Kautilya 考底利耶，12，24，53；

~的外交政策，34；~希腊文化对~的影响，35；~与马基雅维利，34；~与权力，124；~与现实政治，50；~的世俗主义，42

Kennedy, Hugh 休·肯尼迪，97，102

Keohane, Robert 罗伯特·基欧汉，143

Khadduri, Majid 马吉德·哈杜里，90，94

Khaldun, Ibn 伊本·赫勒敦；~与中心-外围，25；~与伊斯兰之家，94，124；~与扩张，101；~对扩张的关注，24；~关于群体情感（的论述），131；~的影响，38；~与考底利耶，34；~与后期伊斯兰历史，102；~与莫卧儿帝国，108；~与乌玛，141；~关于战争（的论述），128

Khubi system, the "份子"体系，137

Kissinger, Henry 亨利·基辛格，10，63，158

Korea 朝鲜，76

Krishna 奎师那，42

Kushan empire 贵霜帝国，84

Laozi 老子，22

law 法律，6

Law of Piety 虔诚之法，38

Lawson, George 乔治·劳森，24

leadership 领导力，65

legal theory 法学理论，6

Legalism 法家思想，49，54，58；~与伊斯兰世界，110；~与多样性，127；~与战国时期，76

legitimacy 合法性，9，36，64，79，83，91；哈里发国的~，111；~与早期伊斯兰历史，102；~与等级制，119；~与莫卧儿帝国，104；~与奥斯曼帝国，104；~与萨法维帝国，104；~与朝贡体系，74；与乌玛，100

liberal democracy 自由民主，3

liberalism 自由主义，6，158；~与宽容，151

lingua franca 通用语言，25

Little, Richard 理查德·利特尔，55

Liu, Xinru 刘欣如，84

Lustick, Ian 伊恩·卢斯蒂克，92

Luttwak, Edward 爱德华·勒特韦克，55，60

Macartney, George 乔治·马戛尔尼，136

Machiavelli, Niccolo 尼科洛·马基雅维利，11，34，37，38，115

Mahabharata《摩诃婆罗多》，42，

43

Mahajanapadas 列国，44—47，121

Malacca 马六甲，74，85

Mamluk empire 马穆鲁克帝国，101

Mandala 曼陀罗，33—35，48

Mandate of Heaven 天命，53，56，57，59，64—65；～与等级制，79，118；～与伊斯兰，93；～与和平共处，131；～与朝贡体系，73，74；～与战国时期，72；～与西方思想，78

Mare Liberum 海洋自由，136

materialism 唯物主义，13，15，115

Maurya, Chandragupta 孔雀王朝，旃陀罗笈多，35，37

Mauryan empire 孔雀帝国，32，44，45，46，49

McNeill, William 威廉·麦克尼尔，35

Mediterranean, the 地中海，47

Meiji 明治，5

mercantilism 重商主义，138，139

Mesopotamia 美索不达米亚，17，37，85，104，107，135

Middle East 中东，137

Middle Kingdom 中央王国；作为文化、政治和经济秩序之巅的～，60；～与中国的资本主义，120；～与中国的优越性，56；～与中国朝贡体系，59；～与日本，71，76；～与现代性，63；～与多样性，127，152；～与和平共处，131；～与主权平等，122

Ming dynasty 明朝，72，128

Mitra, Subrata 苏布拉塔·米特拉，38

modernity 现代性，2，3，4，6，8，11，14，17；～与中国，6，62，114，152；～与中心–外围，114；～与深度多元主义，3，8；～与大国，153；～与伊斯兰，92；～与伊斯兰世界，114；～与日本，6；～泰戈尔关于～（的论述），51；～与朝贡体系，76；～与西方，115

modes of thinking 思维模式，26，29，116，142—147；～的定义，28；～与全球国际关系学，150；～在印度，32

Mongolia 蒙古，120

monopoly 垄断，137

Moore, Gregory 莫凯歌，70

moral conquest 道德征服，9，38

Morocco 摩洛哥，101

Mozi 墨子，22

Mughal empire 莫卧儿帝国，30，85，86，88，103，108—109

Mulk, Nizam al 尼扎姆·莫尔克, 24, 34, 124, 147
multiplicity 多样性, 125, 127, 128, 132
Muqaddimah: An Introduction to History《历史绪论》, 94
mysticism 神秘主义, 40

Nagarjuna 龙树, 44
nationalism 民族主义, 24, 79, 125, 139, 141
nation-state 民族国家, 63, 91, 92, 117, 119, 121
natural causation 自然因果, 98
natural philosophy 自然哲学, 98
Nehru, Jawaharlal 贾瓦哈拉尔·尼赫鲁, 28
Newbigin, Eleanor 埃莉诺·纽比金, 157
Non-Alignment Movement 不结盟运动, 52
non-intervention 不干涉, 152

Olivelle, Patrick 帕特里克·奥利维尔, 33
ontology 本体论, 32, 43, 63, 142, 150, 159
Onuma, Yasuaki 大沼保昭, 56, 107
organized hypocrisy 有组织的虚伪, 76
Ortoo system, the 驿站系统, 137
Ottoman empire 奥斯曼帝国; ～的权力中心, 86; ～与当代中东, 92; ～的中心-外围结构, 106—108; ～与世界主义, 99; ～与埃及, 25, 105; ～与欧洲, 111; ～的构成, 103; ～与移民, 103; ～与萨法维帝国, 110; ～与主权平等, 119; ～与贸易, 104, 109

Paine, Lincoln 林肯·佩因, 31, 105
Paine, S. C. M. S. C. M. 潘恩, 70, 78
Parthians 帕提亚, 24
patriarchy 父权制, 117
peaceful coexistence 和平共处, 27, 129—133, 149, 159
Pelham, Nicholas 尼古拉斯·佩勒姆, 85
periphery 外围, 2, 25, 104, 106, 107, 114, 115, 122, 123, 126
Persia 波斯; 作为伊斯兰权力中心的～, 90; ～与中国, 118; ～与印度, 35, 46; 伊斯兰控制下的～, 99; ～与伊斯兰历史, 103; ～与伊斯兰世界, 81; ～与萨法维帝国, 103; ～与贸易, 47, 83, 104; ～与普遍帝国, 148

philosophy 哲学, 40, 57
philosophy of science 科学哲学, 40, 142
physics 物理学, 16
Pines, Yuri 尤锐, 57, 146
piracy 海盗, 84
Piscatori, James 詹姆斯·皮斯卡图里, 91
Plato 柏拉图, 11, 37, 43, 65
pluralism 多元主义, 57, 90, 121, 129, 130, 132, 150, 151
political habitus 政治惯习, 38, 51
political theory 政治理论, 6, 11, 54, 57, 65, 89, 115
popular sovereignty 人民主权, 79, 117
positivism 实证主义, 150
postcolonial resentment 后殖民心结, 2, 15, 113, 114
postcolonialism 后殖民主义, 158
postmodernism 后现代主义, 158
power 权力, 28, 68, 124—129, 133, 148
Pythagoras 毕达哥拉斯, 43

Qin dynasty 秦朝, 46, 56, 58, 71
Qin, Yaqing 秦亚青, 20, 65, 70, 143, 144, 150
Qing dynasty 清朝, 71, 72, 73, 80
Qur'ān《古兰经》, 94, 98

racism 种族主义, vii, 2, 14, 50, 114, 160
Radhakrishnan, S. S. 拉达克里希南, 40
rationalism 理性主义, 38, 40, 67, 68, 79, 98, 142, 144, 150
realism 现实主义, 6, 124, 158, 161;～与《政事论》, 32, 33;～与印度, 49, 124;～与伊斯兰, 97;～与伊斯兰世界, 110;～与战国时期, 76
realpolitik 现实政治, 33, 50
reconciliation 和解, 114
Red Sea 红海, 47
Reflexivism 反身主义, 158
regionalism 地区主义, 14
relationalism 关系主义;～与中国, 60;～与中国朝贡体系, 59, 73;～与认识论, 142, 144;～与面子, 70;～与全球国际关系学, 150;～与关系主义, 67, 68, 79;～与天下, 63;～与中庸辩证法, 66
relationships 关系, 66
religion 宗教, 25, 86, 96, 127
ren 仁, 65

resentment 心结, 2, 15, 113
righteousness 正义, 38, 127
Romance of the Three Kingdoms 《三国演义》, 73
Rome 罗马, 17, 18, 19, 24, 25, 53, 55, 75, 77, 82, 119, 126
Rosenberg, Justin 贾斯廷·罗森博格, 7, 125
Ruggie, John 约翰·鲁杰, 123
Rushd, Ibn 伊本·路世德, 85, 98, 144
Russia 俄国, 1, 77, 123, 127
Russians 俄国人, 24

Safavid empire 萨法维帝国, 86, 88, 103, 104, 109, 135
Saikal, Amin 阿明·塞卡尔, 91
Samkhya 数论, 41, 42, 65, 144
saptanga 七支, 37
Sarkar, Benoy Kumar 贝诺伊·库马尔·萨卡尔, 33, 89
Sassanids 萨珊, 24
Schneider, Louis 路易斯·施耐德, 47
secularism 世俗主义, 152
Shahi, Deepshikha 迪普什哈·夏希, 36
Shambaugh, David 沈大伟, 70
Shang Yang 商鞅, 58

Sharma,Ram Sharan 拉姆·沙兰·夏尔马, 37
al-Shaybānī, Muhammad 穆罕默德·昔班尼, 97
Sheikh, Faiz 法伊兹·谢赫, 89
Shia 什叶派, 88, 89, 104, 109
Shih, Chih-yu 石之瑜, 60, 65, 69, 70
Shiva 湿婆, 39, 48
Siam 暹罗, 74
Sicily 西西里岛, 19
Sikhism 锡克教, 151
Silk Roads 丝绸之路, 26, 31, 47, 53, 54, 84, 118, 135, 137
Sino-Japanese war of 1894—1895 1894—1895 年中日战争, 70
Slaughter, Anne Marie 安妮-玛丽·斯劳特, 158
slavery 奴隶制, 27, 114, 117, 133
social contract theory 社会契约理论, 43
soft power 软实力, 47, 49, 56
solidarism 社会连带主义, 130, 150
Son of Heaven 天子, 64
soul, the 灵魂, 43
South Asia 南亚, 50, 53
South China Sea 南海, 54
South India 印度南部, 30
Southeast Asia 东南亚, 32, 49

sovereign equality 主权平等，78；
～与中国，64，77，122，127，
146，152；～与当代国际关系
学，117；～与差异，151；～与
欧洲，77；～与全球国际关系
学，122；～与等级制，60，77，
118，149；～与独立，123；～
与奥斯曼帝国，107，119；～
与和平共处，129，132；～与
俄国，75；西方国际关系学理
论中的～，122
sovereignty 主权，10，117，141；
中文语境中的～，20；～与伊
斯兰之家，93；～与现代国家，
24；～与有组织的虚伪，76；～
与战国时期，72
Spain 西班牙，85，99
Sparta 斯巴达，24
Spring and Autumn period 春秋时期，
57
Spruyt, Hendrick 亨德里克·斯普鲁
伊特，16，76，77
Sri Lanka 斯里兰卡，49
Srivijaya empire 室利佛逝帝国，85
standard of civilization 文明标准，5，
27，62，122，126，151，160
state, the 国家，43，93
successor civilization 后继文明，29，
81

Sufi Islam 伊斯兰教苏菲派，88
Sui dynasty 隋朝，120
Sun Tze 孙子，38
Sunni 逊尼派，88，89，104
survival 生存，28
suzerainty 宗主国，27，56，75，
106，120，122
Syria 叙利亚，97，99

Tagore, Rabindranath 泰戈尔，51，
52，89
Tang dynasty 唐朝，72，102，127
tempocentrism 现时中心主义，18
territoriality 领土权，116，140—142，
159；～与中国，59；～的定义，
27；～与伊斯兰世界，89，106；
～与现代国家，24；～与天下，
25，77；～与跨国主义，150；
～与朝贡体系，77
Thapar, Romila 罗米拉·塔帕尔，
39
Third World, the 第三世界，3
Thucydides 修昔底德，11，38，115
Tianxia 天下，20，59，62—64，
65；～与等级制，56，77，118；
～的历史，118；～的研究重要
性，9；～与伊斯兰，93；～与
法家思想，50；～与天命，79；
～与多样性，127；～与和平

共处，131；～与领土权，25，77，150；～与跨国主义，141；～与朝贡体系，73

Towns, Ann 安·汤斯，147

trade, 贸易，83，84，106，134，138，139，159；～与中国，149；～与深度多元主义，139；～的发展，83；～与印度，47；～与伊斯兰，84；～与莫卧儿帝国，109；～与世界秩序，149

translation 翻译，23，73

transnationalism 跨国主义，26，27，99，110，116，140—142，150，159

Treaty of Tordesillas《托尔德西拉斯条约》，51

Turkey 土耳其，9，89

Turner, John 约翰·特纳，89

Umayyad caliphate 倭马亚哈里发国，86，87，100，101

umma 乌玛，30，90—92，99；～与哈里发，82；～与伊斯兰之家，100；～与早期伊斯兰历史，102；～的排外主义，130；～与加齐，106；～与伊斯兰国家，93；～与后期伊斯兰历史，106；～与多元主义，90；～内部的分裂，88；～与领土权，150；

～与跨国主义，141；～的大一统，97；～与世界秩序，111

uneven and combined development (UCD) 不平衡与综合发展，7，8

United States, the 美国，70

universalism 普遍主义，59，86，92，97，110，148，159

vasudhaiva kutumbakam 四海一家，51

Venice 威尼斯，83

vernacularization 俗语化，23

Vietnam 越南，56，57

Vishnu 毗湿奴，39，42，48

Waltz, Kenneth 肯尼斯·华尔兹，7，118，119，121

Warring States period 战国时期，57，71，120

Watson, Adam 亚当·沃森，120，121，131

West, the 西方，14，29，113，115，148；～与中国，68，122；～与集体记忆，38；～与殖民主义，114；～与帝国，117；～与全球化，84；～与等级制，77，117；～与耻辱，114；～与内/外，77；～的知识霸权，116；～与伊斯兰，93；～与伊斯兰理论，

112；～与自由主义，151；～与天命，78；～与现代性，92，115；～与思维模式，143；～与自然哲学，98；～与关系主义，79；～与宗教，127；～与主权平等，118；～与领土权，77

Westphalian sovereignty 威斯特伐利亚主权，9，10，91

Wight, Martin 马丁·怀特，15，16，121

Wikinson, David 大卫·威金森，19

women in politics 政界的女性，147

world order 世界秩序，2，10，12，26，87，113；～与美国免责论，123；～与佛教，38；～与资本主义，3；～与中国，53—57，59，71，120；西方～的核心原则，77；～与文化，28；～与深度多元主义，153；～的定义，10；～与帝国，117；～与性别，147；～与霸权，92；～与等级制，77，118；～与印度，50；～与伊斯兰，90，92；～与伊斯兰世界，81，89，92，98，110，111；～与法家思想，58；～内被边缘化的故事，1；～与唯物主义，16；～与现代性，14；～与思维模式，142；～与多元主义，150；～与权力，124，125，148；～与世俗主义，42；～与主权平等，64；～与文明标准，122；～与领土权，25，28；～与天下，62；～与贸易，138，149；～与跨国主义，140，141；～与不平衡与综合发展，8；～与乌玛，90；～术语的使用，8

world politics 世界政治，1，9

World War I 第一次世界大战，117，147

World War II 第二次世界大战，117

Wu 周武王，64

Yan Xuetong 阎学通，22，65

Yemen 也门，83

Yuan dynasty 元朝，71

Yurdusev, Nuri 努里·约杜塞夫，107

Zhang, Feng 张锋，71，72，76，126

Zhao, Tingyang 赵汀阳，63

Zheng He 郑和，54，74

zhongyong dialectics 中庸辩证法，65—67，73，78，144，145

Zhou dynasty 周朝，62，63，64

Zimmern, Alfred 阿尔弗雷德·齐默恩，158

Zoroastrianism 琐罗亚斯德教，109

图书在版编目（CIP）数据

重新想象国际关系学：三种非西方文明中世界秩序的思想与实践 / (英) 巴里·布赞, (加) 阿米塔·阿查亚著；李东琪, 颜震译. -- 北京：商务印书馆, 2025.
ISBN 978-7-100-24260-8
I. D81
中国国家版本馆 CIP 数据核字第 202408U0Q7 号

权利保留, 侵权必究。

重新想象国际关系学
三种非西方文明中世界秩序的思想与实践

〔英〕巴里·布赞　　著
〔加〕阿米塔·阿查亚

李东琪　颜震　译

商　务　印　书　馆　出　版
（北京王府井大街36号　邮政编码100710）
商　务　印　书　馆　发　行
北京市白帆印务有限公司印刷
ISBN 978-7-100-24260-8

2025年6月第1版　　开本 880×1230　1/32
2025年6月北京第1次印刷　印张 7 1/8
定价：39.00元